Hermann Karl Leonhardi

Sätze aus der theoretischen und praktischen Philosophie

Als Entwurf zur Besprechung auf dem, für den 26. September 1868 und

die folgenden Tage nach Prag berufenen Philosophencongress

Hermann Karl Leonhardi

Sätze aus der theoretischen und praktischen Philosophie
Als Entwurf zur Besprechung auf dem, für den 26. September 1868 und die folgenden Tage nach Prag berufenen Philosophencongress

ISBN/EAN: 9783744632300

Hergestellt in Europa, USA, Kanada, Australien, Japan

Cover: Foto ©Thomas Meinert / pixelio.de

Weitere Bücher finden Sie auf **www.hansebooks.com**

SÄTZE

aus der

theoretischen und praktischen Philosophie

als

Entwurf

zur Besprechung auf dem, für den 26. September 1868 und die
folgenden Tage nach Prag berufenen

Philosophencongress

von

Dr. H. K. Freiherrn von Leonhardi,

ord. öfentl. Professor der Philosophie an der Universität zu Prag.

———— ❧◆❧ - —— - ——

Prag 1868.

Verlag von Fr. Tempský.

Das Unternehmen eines Philosophencongresses liegt der Mehrzahl der Zeitgenossen, welche die Philosophie geringschätzt, ja selbst der Mehrzahl heutiger Philosophen, die sich noch sectenmässig in Schulschranken absperrt, so fern, dass die Meisten, als sie zuerst davon hörten, wohl nur ein zweifelndes Lächeln oder Kopfschütteln dafür hatten. Nichtsdestoweniger sind von verschiedenen Seiten Stimmen laut geworden, die anerkennen, dass durch eine solche Zusammenkunft dem Bedürfnisse der Verständigung über allgemeinmenschliche Fragen und Aufgaben entsprochen werden könnte, „einem Bedürfnisse, das bereits gross ist und immer dringender wird." Freilich wurde dabei der Wunsch ausgesprochen, es möchte von aller eigentlichen Schulphilosophie abgesehen werden, da sonst Viele, die für die höheren Ziele der Menschheit eine Theilnahme haben, aber nicht Philosophen im engeren Sinne des Wortes sind, sich fern halten würden.

Durch einen, in den Nrn. 183—186 der Beilage der Augsburger *Allgemeinen Zeitung* vom 1—4. Juli d. J. erschienenen Aufsatz: „*Der nach Prag berufene Philosophen-Congress*", hoffe ich in überzeugender Weise dargethan zu haben, dass das Unternehmen ein völlig zeitgemässes und für die gedeihliche Fortentwickelung des Lebens höchst

1*

wünschenswerthes ist; sowie dass die, als Hauptgegenstand der Verhandlung vorgeschlagene Verständigung über einige Grundlehren *Krause's* nur gleichbedeutend ist mit einer Verständigung über Das, was bei genauerer Ueberlegung den Freunden menschheitlicher Höherbildung als das allgemein Wichtigste und daher Nothwendige erscheinen muss, als eine Aufgabe unserer Zeit, deren Lösung sich die Philosophen der verschiedenen Schulen füglich nicht entziehen sollen.

Die Schwierigkeiten, an denen frühere Philosophenversammlungen scheiterten und voraussichtlich scheitern mussten, bestanden in der Beschränkung auf Philosophen im engeren Sinne des Wortes; in der ungenügenden Gliederung der Versammlungen mit Rücksicht auf die dazu eingeladenen verschiedenen Schulen, endlich: entweder. in dem Mangel gehörig vorbereiteter, bestimmter Verhandlungsgegenstände, oder aber in der ungeeigneten Wahl derselben.

Alle diese Schwierigkeiten lassen sich überwinden. *Meine Einladung ergeht eben desswegen auch an die Philosophen im weiteren Sinne des Wortes*, d. h. auch an nicht philosophisch geschulte Freunde des Nachdenkens über den Zusammenhang und die höhere Begründung, sei es der einzelen Wissenschaften, sei es der für das Leben wichtigsten Wahrheiten; — nicht, als ob ich die sehr verbreitete Meinung theilte, dass man z. B. ein Handwerk gelernt haben müsse, ehe man verständiger Weise darüber sprechen könne, während über philosophische Fragen Jedem ein Urtheil zustehe, auch wenn er sich nie damit beschäftigt habe; — sondern, weil ich dafür halte, dass auch das Philosophiren eine Kunst ist, die gelernt sein will, und weil ich des Göthe'schen Spruches eingedenk bin:

Wer soll Meister sein?

Wer was ersann!

Wer soll Geselle sein?

Wer was kann!

Wer soll Lehrling sein?

Jedermann!

Die Kunst des Philosophen besteht aber nicht bloss im Erforschen der Wahrheit, sondern eben so sehr auch in der geeigneten Mittheilung derselben behufs ihrer Geltendmachung im Leben.

Nur indem die Schulphilosophen vor ein Publicum treten, durch das sie, wenn sie verstanden werden wollen, gezwungen sind, auf absonderliche Auffassungen und Wortbestimmungen zu verzichten, um deren willen selbst die Angehörigen verschiedener Schulen einander nur schwer verstehen, legen sie sich selber die Nöthigung auf, Gegenstände zu wählen, über die auch in einer allgemein verständlichen Sprache verhandelt werden kann. Warum aber sollten sie sich dazu nicht herbeilassen, wenn sie hoffen dürfen, lernbegierige und dankbare Hörer zu finden und zugleich ihre, bei Vielen so übel beleumdete, Wissenschaft wieder zu Ehren zu bringen; zumal da sie ausserdem noch hoffen dürfen, mehr und mehr sich unter einander zu verständigen? — Das Letztere wird um so leichter der Fall sein, da die Besprechungsgegenstände, wie ich in dem genannten Aufsatze zeige, keine beliebig wählbaren, sondern solche sind, die sich aus dem angestrebten Ziele einer methodisch fortschreitenden Einigung der Schulen von selbst ergeben. Auch ist nicht zu fürchten, dass ein Rangstreit der Schulen hinderlich werde, da stets alle mitzuwirken haben, und jede einzele mit dem, was sie über den gerade fraglichen Punkt vor allen anderen Vorzügliches zu bieten vermag, abwechselnd als Meisterin aufzutreten berufen ist.

Was *die Gliederung und sonstige Einrichtung der Versammlung* betrifft, so wird sie, um den Erfolg in jeder Beziehung zu ermöglichen, so getroffen werden, dass nicht nur für Diejenigen gesorgt ist, denen die Förderung des Verständigungswerkes bereits Hauptsache ist, sondern auch für Die, welche erst allmählich dafür gewonnen werden sollen. Den letzteren wird daher Gelegenheit gegeben werden, in kleineren Gruppen, je nach ihrer besonderen Befähigung und ihrem Bedürfnisse, sich einzelen Theilen der Gesammtaufgabe vorzugsweise zuzuwenden, so jedoch, dass durch die Abtheilung und Unterabtheilung in begränzte Besprechungskreise das Zusammenwirken Aller nicht beeinträchtigt, sondern, mittels einer Berichterstattung in den allgemeinen Sitzungen, vielmehr gefördert werde.

Die *Besprechung der allen oder mehren Schulen gemeinsamen* Gegenstände schliesst übrigens besondere Verhandlungen in den Kreisen der einzelen Schulen nicht aus, vielmehr wird diesen auf der allgemeinen Philosophenversammlung dazu Gelegenheit geboten, nach ihren eigenen Programmen auch gesondert unter sich zu verhandeln.

Auch den *Vertretern einzeler Wissenschaften* soll Gelegenheit gegeben werden, ihr Zusammentreffen zugleich zum Vortheile, sei es ihrer Einzelwissenschaft, sei es der Beziehung verschiedener Einzelwissenschaften auf einander zu benützen; — eine Einrichtung, vermöge welcher *Philosophenversammlungen* noch in umfassenderem Sinne, als sie es schon ihrem Begriffe nach sind, *Vorversammlungen* werden können *für allgemeinwissenschaftliche Congresse,* die überhaupt erst durch sie zu ermöglichen sind.

Es ist zu hoffen, dass sich auch eine Anzahl eifriger Theilnehmer aus nicht deutschen Bevölkerungen einfinden werde. Diesen wird bei der Versammlung zu Prag Gelegenheit geboten werden, sofern sie es wünschen, in eigens dazu bestimmten Räumen Besprechungen in ihrer Muttersprache zu halten.

Die beifolgenden Sätze, *zu deren Besprechung ich einlade*, enthalten schon in ihrer *ersten, der Menschheitlehre* angehörenden, *Abtheilung*, welche die Ausgangs- und Zielpunkte für das lebenskünstlerische Zusammenwirken der Freunde des Besseren aus allen Berufskreisen bietet, bei weitem mehr Stoff, als sich voraussichtlich auf der diesjährigen Zusammenkunft bewältigen lassen wird. Ich lege sie aber — sowie auch die *zweite, wissenschaftlehrliche Abtheilung* — schon jetzt vor; weil sie ein innerlich zusammenhängendes Ganzes sind, in welchem kein Theil ohne den andern bezüglich seiner Bedeutung für die Wissenschaft und das Leben der Menschheit vollständig gewürdigt werden kann. — Wenn es gewünscht wird, kann sich schon diesmal in der Versammlung eine Abtheilung bilden für Besprechung der *Sätze aus der Wissenschaftlehre*; werden ja doch auch, je nach dem Bedürfnisse und den Wünschen der Theilnehmer, noch andere Abtheilungen vielleicht auch insofern nöthig werden, als ein Theil der Versammelten sich vorzugsweise mit den Sätzen aus dem *allgemeinen Theile der Menschheitlehre,* oder aus der *Philosophie der Geschichte,* ein anderer Theil aber mit den Sätzen aus der *Gesellschaftlehre* oder mit einem dieser Sätze im Besonderen wird beschäftigen wollen; und würde ich doch die Sätze aus der Wissenschaftlehre vorangestellt haben, wenn es sich bloss um eine Versammlung von Schulphilosophen handelte, und wenn nur methodologische Gründe, nicht auch praktische Rücksichten zu entscheiden hätten.

Auf die hier angegebene Weise erhält jeder Einzele und jede Schule die Möglichkeit, nach Kräften für den gemeinsam verfolgten Zweck allmählicher wissenschaftlichen Einigung mitzuwirken.

Dass *die Krause'sche Schule* hierbei den Anfang macht, rechtfertigt sich wohl hinlänglich dadurch, dass von ihr die Anregung zu dem Unternehmen ausgeht.

Damit soweit möglich für *gastliche Unterkunft der die Versammlung Besuchenden* und für Zuweisung der, den verschiedenen Besprechungskreisen nöthigen, Räumlichkeiten rechtzeitig gesorgt und der Besprechung der einzelen Sätze durch eine ihr *vorausgehende Berichterstattung* über die Aufnahme, welche dieselben gefunden, bestens vorgearbeitet werden könne, *werden alle Diejenigen, welche an dem Congresse sich betheiligen wollen, hiermit eingeladen, mir baldigst in frankirten Zuschriften ihre Absicht nicht nur im Allgemeinen kund zu geben, sondern zugleich auch die Sätze oder Satzreihen, an deren diesmaliger Besprechung ihnen besonders gelegen ist, hervorzuheben, ihre Einwendungen mitzutheilen und etwa beabsichtigte Anträge oder Vorträge im Voraus anzumelden.*

Zum Behuf der die Besprechung vorbereitenden Berichterstattung werden aber *auch Solche, die selbst zu kommen verhindert sind,* hiemit eingeladen, mir in ihren Zuschriften *sowohl diejenigen Sätze zu bezeichnen, welchen sie in der gegenwärtigen Fassung beistimmen, als auch ihre Einwendungen mitzutheilen.*

Zugleich ergeht hiemit an die hohen Regierungen, sowie an die Directionen von Privatgesellschaften, welche über

Eisenbahnen zu verfügen haben, die ergebene und vertrau-
ensvolle Bitte, den Theilnehmern an dem Philosophencon-
gresse die gleiche Begünstigung des halben Fahrpreises zu-
gestehen zu wollen, welche man den Besuchern anderer wis-
senschaftlicher oder gemeinnütziger Versammlungen zu ge-
währen pflegt.

Der Congress, dessen *Dauer auf eine Woche berechnet*
ist, wird, (gleich nach Beendigung der Naturforscherver-
sammlung in Dresden) *am 26. September l. J. zu Prag* in
den Räummen der Universität *eröffnet werden.*

Prag, am 6. Juli 1868.

Hermann Leonhardi.

SÄTZE

zur

Besprechung auf dem Philosophencongress.

I. Aus der Menschheitlehre.

A. Aus dem allgemeinen Theile.

1. (Der Mensch als panharmonisches Wesen vereint in sich Physisches, Psychisches und Höheres. Die materialistische Auffassung wissenschaftlich unhaltbar, der Nachweis Gottes als höchsten Grundwesens von der Lösung untergeordneter Streitfragen unabhängig.) Die *Menschheit* ist ihrer wesentlichen Begründung und ihrer Bestimmung nach das *panharmonische Schlussglied der Schöpfung*. In dem Menschen vereinigen sich nicht nur physische und psychische, sondern noch höhere Wesenheiten. Die Unterscheidung des *Leibes*, welcher der Physis (Natur im engeren Sinne des Wortes) angehört und deren Gesetzen unterliegt, und des *Geistigen*, welches eigenthümlichen Gesetzen folgt, die den physischen entgegengesetzt sind, ihnen jedoch nicht widersprechen, sondern eine Wechselwirkung und Verbindung mit dem Leibe fördern, ist bereits wissenschaftlich festgestellt, wenn auch die Frage der gegenseitigen Abgränzung des Leiblichen und des Geistigen in Einzelem, sowie die Frage der Unterscheidung zwischen einem niederen Geistigen (der „thierischen Seele") und einem höheren Geistigen (der vernünftigen Seele oder dem Geiste im engeren Sinne des Wortes) noch weiterer Bestimmung und genauerer Untersuchung bedarf. Der Nachweis des Begründetseins des Menschen, wie alles Endlichen, in Gott als dem Einen allumfassenden Grundwesen, ist übrigens von der Lösung dieser Fragen unabhängig.

---

2. (Die menschliche Vernunft nur als eine Vereinwesenheit des endlichen Wesens mit Gott, als eine ewig-allgemeine, der zeitlich-individuellen Weiterbestimmung fähige und bedürfige Offenbarung Gottes im Menschen und an ihn begreiflich.) Die

Vernunftideen, die ihrem Inhalte nach den Bereich des Endlichen, und ihrer Geltung nach das Gebiet der zeitlichen Erfahrung überschreiten — zuhöchst der, in sich selbst gewisse, Gedanke Gottes als des höchsten Grundwesens — sind aus der Wesenheit endlicher Wesen als solcher nicht zu erklären. Das Vorhandensein derselben, sowie die menschliche Vernunft selbst, ist nur begreiflich als eine wesentliche Vereinheit mit Gott, die den Menschen über die blosse Thierheit erhebt, und ihn, seiner Bestimmung und seinem Vermögen nach, zum göttlichen Ebenbilde und zu einer Offenbarungstätte der göttlichen Wesenheit macht. Die Vernunftwesenheit ist eine ewig-allgemeine Offenbarung Gottes an die Menschheit und in ihr,*) in der zeitlichen Wirklichkeit sich entwickelnd ist die menschliche Vernunft der Weiterbestimmung durch zeitlich-individuelle Offenbarung fähig und bedürfig.

3. (Beide göttliche Offenbarungen können sich nicht widersprechen. Die Vernunft das Kriterium zu Unterscheidung wirklicher von vermeintlicher individuellen Offenbarung.) Die ewig-allgemeine und die zeitlich-individuelle Offenbarung Gottes können sich nicht widersprechen. Die erstere wird in der, *nur in freier Forschung erreichbaren, Vernunftwissenschaft* zur Erkenntniss gebracht, die letztere ist *Gegenstand der inneren Erfahrung und beziehungsweise des Glaubens.* Wer einer zeitlich-individuellen Offenbarung theilhaftig geworden, beziehungsweise von wahrem Glauben an eine solche erfüllt ist, wird eben so wenig durch blosse Behauptungen aus angeblichen Vernunftsätzen beirrt, wie anderseits der zur wahren Vernunfterkenntniss Gelangte durch Glaubenssätze einer bloss angeblichen individuellen Offenbarung sich beirren lässt. Die Uebereinstimmung mit der allgemeinen Vernunftoffenbarung ist das wissenschaftliche Kennzeichen (Kriterium) zu Unterscheidung wirklicher von bloss vermeintlicher individuellen Offenbarung und das nothwendige Erforderniss für Vereinbildung

---

*) Der echte *Supranaturalismus* und der echte *Rationalismus* stimmen daher unter einander überein. Vergl. in „*K. Chr. Fr. Krause*, die absolute Religionsphilosophie in ihrem Verhältnisse zu dem gefühlgläubigen Theismus und nach der in ihr gegebenen endlichen Vermittlung des Supranaturalismus und des Rationalismus etc., 2 Bde. (Göttingen 1834—1843),“ die im Sachverzeichniss unter *Glaube* und *Offenbarung* verzeichneten Stellen sowie in Band II. B. die Vorrede des Herausgebers, S. VIII. f und S. XV. ff

der Vernunfterkenntniss mit dem Glauben. Diese Uebereinstimmung beweist übrigens nur die *Wahrheit* des Glaubens, nicht aber den *Ursprung* desselben aus individueller göttlichen Offenbarung. Die wissenschaftliche Ermittelung dieses Ursprunges ist, wie alle Erfahrungerkenntniss, die Sache geschichtwissenschaftlicher Forschung.

4. **(Religion und religiöse Geselligkeit im Menschheitleben bleibend wesentlich.**) Da die menschliche Wesenheit selbst vorzugsweise eine Gottvereinwesenheit ist, so ist: *Gottinnigkeit* (Religion) — als das Streben der Vereinigung des Menschen mit Gott in Erkennen, Empfinden, Wollen und Leben — eine bleibend wesentliche Seite des menschlichen Lebens; und da der Mensch seiner Wesenheit nach ein geselliges Wesen ist, so verlangt die Gottinnigkeit nicht minder, als das Recht und als die andern Hauptseiten des menschlichen Lebens, bleibend eine *gesellschaftliche* Pflege.

5. **(Wesenheit und geschichtliche Berechtigung verschiedener positiven Religionsgestaltungen und Confessionen.**) Wie die menschliche Gesellschaft als ganze nicht in unbestimmter Allgemeinheit (*in abstracto*) in's Leben zu treten vermag, sondern nur in individuellen Entwicklungsgestaltungen, die nach Lebensaltern und zum Theil nach Rassen- und Volks-Eigenthümlichkeit verschieden sind, so ähnlicher Weise auch die Gesellschaft für Gottinnigkeit (der Religionsverein). Hierauf gründet sich die Wesenheit und die geschichtliche Berechtigung verschiedener positiver Religionsgestaltungen und Confessionen während des stetigen Strebens der Menschheit nach ihrem höchsten Einigungsziele und während der stufenweis aufsteigenden Annäherung an dasselbe.

B. Aus der Philosophie der Geschichte.

6. **(Das Christenthum geht seiner höheren Entwickelung erst entgegen.**) Wird unter Christenthum nicht ein äusserliches, starres Festhalten an überlieferten Fassungen kirchlicher Glaubenssätze verstanden, sondern die, auf die Nachfolge Christi gerichtete, Religion der Liebe, und gilt als Frucht derselben das Streben nach

Bildung des gottgeweihten Reiches der Menschheit, als der irdischen Gestalt des Reiches Gottes, das über dem bloss Volksthümlichen auch das rein und allgemein Menschliche zu pflegen und gerade dadurch den Frieden unter den Völkern herzustellen berufen ist; so ist das Christenthum weit davon entfernt, sich überlebt zu haben; es geht vielmehr erst seiner reicheren und höheren Entwicklung entgegen, Dank der Vereinbildung mit der wissenschaftlichen Forschung und ihren Ergebnissen und Dank der wissenschaftlichen Kritik, sofern diese bemüht ist, ihm zu Abstreifung der Hüllen zu helfen, durch welche die Entfaltung seines innersten Lebenskeimes bisher noch vielfach gehemmt war.

---

7. (**Die Freimaurerei im Verhältnisse zum Christenthum und wünschenswerthe zeitgemässe Höherbildung derselben.**) Die *Freimaurerei* sollte, *der Absicht ihrer Gründer nach*, das Reinmenschliche pflegen und dadurch ein Band der Bruderliebe stiften zwischen allen Denen, die im übrigen Leben durch religiöse, politische oder sonstige Parteistellung, durch Berufstand oder Nationalität getrennt sind; sie erwies sich daher von Anfang an auch als Bahnbrecherin einer erleuchteten, an Früchten des Lebens reichen Religiosität, sowie sie neuerdings im Orient den Fanatismus der Mohammedaner mindern und den Sendboten des Christenthums die Wege ebnen hilft. Sie verfolgt somit im Grunde dasselbe Ziel, welches ursprünglich auch der christlichen Lebensgemeinschaft (der Kirche im weiteren Sinne des Wortes) vorgestreckt ist, jedoch mit dem Unterschiede, dass die Freimaurerei dabei in mehr abstracter Weise an die Idee des Reinmenschlichen anknüpft, wie sie auf allen Stufen des Lebens sich vorfindet, während das Christenthum in ganz individueller Weise an die, im geschichtlichen Entwicklungsgang gewonnene, Entwicklungshöhe des Menschheitlebens sich anschliesst. Aber schon die ursprüngliche Erfassung der freimaurerischen Idee war eine mangelhafte, sofern dadurch die Gleichberechtigung der Frauen ausgeschlossen und die Verbindung eine geheime wurde. In Folge davon ist die Freimaurerei von ihrer idealen Aufgabe mehr und mehr abgekommen, ja da und dort wohl gar in das Gegentheil umgeschlagen. Es wird daher von strebsamen Maurern mit Recht bedauert, dass eine so weit verzweigte Gesellschaft verhältnissmässig so Weniges leistet, während sie doch der Ausgangspunkt einer allgemeinen gesellschaftlichen Höherbildung sein sollte und könnte. Will sie

diess werden und die Edelsten und Strebendsten zu diesem
Zwecke wieder in sich vereinigen, *so muss sie die Idee des all-
offenen Menschheitbundes als ihren leitenden Gedanken anerkennen,**)
die Form eines geheimen Ordens, die mit dem fortgeschrittenen
Lebensgeiste sich nicht mehr verträgt, *aufgeben* und Verzicht
leisten auf den Schein jedes andern, als des *altmaurerischen Ge-
heimnisses: trotz aller Verlockungen des Lebens ein gewissenhaftes
pflichtgetreues Mitglied der menschlichen Gesellschaft zu sein;* auch
muss sie dann *den Frauen die volle Mitgliedschaft zugestehen.*

C. Aus der Gesellschaftwissenschaft.

8. (**Das unbewusst im Menschheitleben Vorwärtstreibende
findet durch Krause's Idee des Menschheitbundes seine wissenschaftliche Klärung.**) *Ein wesenhafter, mit innerer Nothwendigkeit,
wenn auch unbewusst, im Völkerleben vorwärtsdrängender Trieb*
richtet sich auf die Herstellung einer Gesellschaftgliederung,
welche die verschiedenen Menschenrassen, Völker, Confessionen,
Bildungs- und Berufstände in Frieden und Eintracht umfasst.
Die Unklarheit über diesen innersten Drang nach Höherbildung
der Gesellschaft, sowie das Misverstehen und das Verkennen
desselben, ist die *Hauptgefahr,* welche die menschheitliche Entwickelung in Beziehung auf die edelsten Lebensgüter auch in unserer Zeit bedroht. Die von *Krause* gelehrte *Idee des Menschheitbundes,* oder der *Organisation der menschlichen Gesellschaft als
solcher,* durch welche der bis dahin unbewusst wirkende Trieb
seine wissenschaftliche Klärung findet, hat daher fortan *der Leit-
stern* zu sein *für alle, auf gründliche Besserung oder Vervollkomm-
nung gerichteten Organisationsbestrebungen.***) Es ist ein günstiges

---

*) Vergl. darüber in: *Krause,* die drei ältesten Kunsturkunden der Freimaurerbrüderschaft (2 Bde., Dresden 1810—1813; 2. Auflage, 1819—1821)
Bd. I., Abthl. I., Vorbericht S. III—XXVIII. und S. LVIII—LXI.; und
J. G. Findel, Geschichte der Freimaurerei von der Zeit ihres Entstehens
bis auf die Gegenwart (Leipzig, 1861 und 1862), Bd. II. S, 156—161.

**) Auf die hohe Bedeutung der Gesellschaftlehre und insbesondere des
Rechts- und Staatsbegriffes Krause's hat wiederholt hingewiesen (z. B.
in der Cottaischen Vierteljahrschrift) *R. Mohl,* dann *J. Kautz* („Theorie
und Geschichte der Nationalökonomik, 2 Bde. 1858—60"); ferner in der

2

Zeichen der Zeit, dass diese Idee von Staatsrechts- und Staats-
wirthschaftlehrern bereits mehr und mehr in ihrer entscheidenden
Bedeutung für die Lösung der von Tag zu Tag sich mehrenden
socialen Aufgaben anerkannt wird. Ihr entsprechend ist die Ueber-
macht einzeler, nur bestimmten Theilen der Aufgabe des Menschheitlebens gewidmeter, gesellschaftlichen Veranstaltungen oder Or-
ganisationen zu beschränken, die Kräftigung anderer eben dadurch
zu ermöglichen, und die Gründung noch anderer, dem Ganzen
gleichwesentlicher zu veranlassen.

9. **(Kirche und Staat sind nur im noch unreifen Leben abwechselnd und vorübergehend befugte Vormünder und Vertreter
der Gesellschaft; keineswegs sind sie selbst die Gesellschaft.
Keine Rückkehr zu mittelalterlichen oder polizeistaatlichen Lebensordnungen!)** *Weder der Gottinnigkeitverein* *) (die Kirche im
engeren Sinne des Wortes), *noch der Rechtsverein* (der Rechtsstaat oder Staat im engeren Sinne des Wortes), *noch auch allein
beide zusammen, stellen die menschliche Gesellschaft selbst als ganze
und in ihrer vollständigen Gliederung dar;* sie tragen den Schein
an sich, dieses zu sein, nur auf den verhältnissmässig noch unreifen Stufen des Menschheitlebens, wo sie abwechselnd, und
zwar auch mit geschichtlich vorübergehender Berechtigung, die
zeitweiligen Vormünder und Vertreter der ganzen Gesellschaft
auch hinsichtlich der ihr noch fehlenden gesellschaftlichen Theil-
systeme sind; im heranreifenden Menschheitleben aber sind sie
berufen, die Entlassung (Emancipation) und die selbständige Ausbildung (Autonomie) der bis dahin von ihnen bevormundeten Ge-
sellschaftkreise und der Gesellschaft selbst als ganzer vorzubereiten und zu befördern, und sich, gleich den ersteren, dem Einen
und allumfassenden Gesellschaftganzen als dessen Glieder ein-

---

Vierteljahrschrift und in der Augsburger „Allgemeinen Zeitung" *Schäffle*
(S. unten Beilage A.), in der „Zeitschrift für die gesammte Rechtswissen-
schaft" *Fricker.*

*) Statt *Gottinnigkeitverein* oder *Gottinnigkeitbund* kann auch *gottinnige* (religiöse) *Gemeinde* gesagt werden, in dem Sinne, wonach die Völker und
die Menschheit Gemeinden höherer Stufen sind. Das Gleiche gilt bezüglich der Zusammensetzungen mit: Recht, Wissenschaft, Bildung u. s. w.
Ebenso kann auch gesagt werden: gesellschaftlicher (Theil-) Organismus
(Theilsystem) für Gottinnigkeit, für das Recht u. s. w. Und wie man
Rechtsstaat sagt, könnte man auch *Gottinnigkeitstaat; Wissenschaftstaat*
u. s. w. sagen.

und unterzuordnen, indem sie nur als solche auch ihre Vollendung zu erreichen und sich untereinander in das richtige und gegenseits fördernde Verhältniss zu setzen, vermögen. Es kann daher von einer für die Entwicklung der Menschheit geforderten Rückkehr zu klerokratischen Lebensordnungen, wie wir sie im orientalischen Alterthume und im christlichen Mittelalter finden, vernünftiger Weise eben so wenig die Rede sein, als vom Festhalten am oder von einer Rückkehr zum Despotismus welcher Art immer, insbesondere zum Bureaukratismus eines sich allweise und allmächtig dünkenden Polizeistaates.

---

10. (Das Gesellschaftleben ein geselliges Kunstwerk. Die Grundkräfte eines haltbaren Zukunftbaues der Gesellschaft. Eine, alle. Seiten der menschlichen Lebensaufgabe berücksichtigende Höherbildung der Volks- und Menschheitwirthschaftlehre nöthig.)
Das Gesellschaftleben ist seinem Urbegriffe nach ein *geselliges Kunstwerk*. — Die *Grundkräfte* eines haltbaren Zukunftbaues der Gesellschaft bestehen, ausser den, in ihre richtige Stellung gebrachten, sittlichen Mächten (*Religion*, *Recht*, *Moral* und *Schönheit*), in der, *von wissenschaftlicher Einsicht geleiteten*, *geselligen Uebung der Lebenskunst* und demgemäss in dem *organischen*, *in menschenwürdiger Weise wetteifernden Zusammenwirken freier Vereine*, die der Lösung der lebenskunstlichen Aufgaben, je nach den verschiedenen gesellschaftlichen Bestimmungsgebieten sich widmen. Das blosse Gewährenlassen des Treibens der Einzelen und der Gesammtheiten reicht zur Verwirklichung der gesellschaftlichen Zwecke der Menschheit nicht aus, sondern ist ein Zustand der Lockerung und Entfremdung, welcher die Kräfte der geselligen Organe lähmt. Vollends wird durch die sich schrankenlos überlassene Selbstsucht nur ein feindseliger Wetteifer, ja ein unmenschlicher Krieg Aller gegen Alle erweckt und unterhalten; es werden dadurch also die inneren Grundlagen zu einem wahrhaft menschlichen Gesellschaftbau untergraben. Die *Volks- und Menschheit-Wirthschaftlehre* hat mithin von solchen Grundsätzen auszugehen, durch welche die gesammte menschliche Lebensaufgabe, auch die sittliche Seite derselben, gebührend berücksichtigt wird.

---

11. (Die Arbeitüberlastung, sowie die Erwerbgelegenheit- und Lebensmittelnoth eines grossen Theiles der Menschen sind

2*

**der Menschheit unwürdige, auf die Dauer unhaltbare und gefahr-
bringende Zustände.**) Es ist ein der Menschheit unwürdiger, auf
die Dauer nicht haltbarer, gefahrbringender Zustand, dass die
grosse Mehrzahl der Menschen, sklavisch niedergedrückt durch
die Sorge um Erwerb der Mittel des leiblichen Daseins, kaum
zur Ahnung des eigentlichen, die wahren und höheren Güter be-
fassenden Lebenszweckes gelangt, dass sogar Viele, auch bei über-
mässiger Anstrengung nicht einmal den äussersten Nothbedarf
erringen können, sowie dass gerade die edelsten und für die Gesellschaft wichtigsten Lebensberufe, wie z. B. Wissenschaftforschung und Erziehung, meist mit ganz unverhältnissmässigen
Opfern berechtigten Lebensgenusses und mit drückender Ein-
schränkung, nicht selten unter Verkümmerung der individuellen
Lebensgestaltung erkauft werden müssen — während ein Theil
der Gesellschaft in übermässigen Reichthümern schwelgt und
jeder eigentlichen Arbeit und selbstthätigen Mitwirkung zum
Wohle der Gesammtheit sich selbstsüchtig entzieht. Das Gefähr-
liche dieses Zustandes wird noch gesteigert durch das böse Bei-
spiel massloser Vergnügungsucht und Verschwendung von Seiten
vieler, s. g. Gebildeter, wodurch die Genusssucht und der Neid
der Aermeren noch aufgestachelt wird.

---

12. (**Der Bettel, einer der grössten Schandflecke des
Menschheitlebens, ist in Anerkennung eines Grundrechtes schon
auf dem Wege der Gemeinde- und Landesgesetzgebungen abstell-
bar. Dabei zu unterscheiden Selbsthülfe, Gesellschafthülfe und
Staatshülfe.**) Bei noch ungenügender Uebung gesellschaftlicher
Lebenskunst bleibt das Loos unzähliger Menschen dem Zufall und
damit äusseren und inneren Hemmnissen und Uebeln aller Art
preisgegeben, während doch im Grunde jeder Einzele berechtigt
ist, als ein selbstwürdiges Glied der Menschheit geachtet, ge-
schätzt und gefördert zu werden. Einer der grössten Schandflecke
des bisherigen Menschheitlebens aber, der sich jedoch bei gebildeten Völkern schon auf dem Wege der Gemeinde- und Landesgesetzgebungen beseitigen lässt, ist der Bettel und das Vorhandensein sogar eines Bettlerstandes. Behufs seiner Abstellung ist es
nöthig, als ein Grundrecht schon in der Staatsverfassung anzuerkennen, dass allen Denen, die nicht Kraft oder Gelegenheit haben,
sich ihren Lebensunterhalt durch Arbeit zu verdienen, von Gottes-,
Rechts- und Menschheitwegen alles Nöthige so lange auf Gesell-

schaftkosten gebühre, bis ihnen die Möglichkeit des Arbeitens
und Erwerbens zu Theil geworden ist; sowie, dass die Arbeit-
scheuen zum Erwerbe durch Arbeit rechtlich anzuhalten seien. *)
Die Abstellung der Bettelschande auf diesem Wege ist auch desswegen höchst wichtig, weil sie die Nöthigung mit sich führt, noch
vieles Andere, was damit untrennbar zusammenhängt, in dem Gesellschaftleben (im Volks-, Gemeinde- und Familienleben) und in
der gesammten Nutzgüterverwaltung zu bessern, und weil sie ein
solches Erwachen zur Menschenwürde und einen solchen mensch-
lich guten Willen voraussetzt, wodurch demnächst auch zu allem
andern noch fehlenden Menschenwürdigen der Weg und die Kraft
gefunden werden.**)

13, (Der Wissenschaftverein und der Bildungsverein im
Gesellschaftleben so wesentlich und zur Selbstverwaltung berechtigt als der Religionsverein (Kirche) und der Rechtsverein
(Staat). Bisher noch stattfindende Uebergriffe der beiden letzteren beweisen die Nothwendigkeit einer höheren, gesellschaftlichen Ausgleichung.) Die *Wissenschaft*, die nur bei völlig freier
Forschung und Lehre ihre Vollendung erreichen kann, und die
Bildung (Erziehung, Unterricht und Fortbildung), die zuhöchst
auf Ausbildung des Rein- und Allgemeinmenschlichen und auf
harmonische Bildung des ganzen Menschen, je nach seiner Ureigen-
thümlichkeit, gerichtet ist,***) sind nicht minder wesentliche Theile
der gesammten Menschheitlebensaufgabe, als z. B. die Religion
und das Recht. Die den ersteren zu widmenden Vereine sind
den für letztere vorhandenen nicht unter- sondern nebenzuordnen.

---

*) Diess gehört zu den Punkten, wo den jeweiligen Umständen entspre-
chend auch der *Staat* einzugreifen und beziehungsweise die Ergänzung
unzureichender *Selbsthülfe* durch *Gesellschafthülfe* zu veranlassen hat.

**) Viel Vortreffliches in dieser Beziehung sagt *Schliephake* in der von *J.
Fröbel* in München redigirten „*Süddeutschen Presse*" (Nr. 70, v. 11. März
1868, Morgenblatt) bei Besprechung von: „Armuth und Armenpflege, ein
Beitrag zur Lösung der Armenfrage, von Dr. *Fr. v. Reinöhl* (Wien 1868).
Ueber diese, an anregenden Gedanken reiche, sehr lesenswerthe Schrift
s. auch das Feuilleton der „Wiener Zeitung," Nr. 294 v. 13. Dec. 1867.

***) Um die Höherbildung der Erziehung und Erziehungslehre auf *Krause'*scher
Grundlage machten sich *Fr. Fröbel* und seine wackeren Mitarbei-
ter, um die Erziehungslehre auch *E. Moller* (seit kurzem Professor der
Pädagogik in Göttingen) verdient. S. bes. Dessen Artikel: *Herbart* und
„Pädagogik" in *Schmid's* „Pädagogischer Encyklopädie."

Denn die Entwicklung der verschiedenen Gebiete der Menschheit-
bestimmung und der ihnen entsprechenden gesellschaftlichen Be-
rufskreise (Berufstände und deren gesellschaftlicher Organisation),
die sich alle wechselseitig bedingen, soll gleichmässig gepflegt
und gewahrt werden. Diess ist aber nicht möglich, wenn dem Religionsverein oder dem Rechtsverein gestattet ist, eigenmächtig
und alleinentscheidend in das Schriftthum und in die Lehre einzugreifen, eine einseitige Richtung vorzuschreiben und eine mis-
fällige mit dem Bannfluche zu belegen, dadurch aber der Wissenschaftforschung und dem Bildungsgange Hindernisse zu bereiten.
Die in dieser Hinsicht z. B. bei der periodischen Presse, sowie
im öffentlichen Unterricht *) dermalen noch vorhandenen Miss-
stände weisen mit Nothwendigkeit auf eine höhere, gesellschaftliche Entscheidung und Ausgleichung hin, als die gegenwärtigen
Gesellschafteinrichtungen sie darbieten.

---

14. („**Emancipation der Schule**" reicht nicht hin, um die
**Aufgabe des Bildungsvereines zu erfüllen; dazu bedarf es noch
der Gründung von Bildungsvereinen der verschiedensten Art und
Stufe.**) Die neuerzeit geforderte, in den Ideen des *Wissenschaft-
vereines* **) und des *Bildungsvereines* ***) begründete „*Emancipation
der Schule*" von der bisherigen Bevormundung durch Kirche oder
Staat, oder durch Beide, reicht nicht hin, um der Einen und ganzen Idee des Bildungsvereines gerecht zu werden; es müssen vielmehr bisher noch fehlende Bildungsvereine verschiedenster Art
und Stufe gegründet und durch dieselben die Volks- und Mensch-
heitbildung ihrem ganzen Umfange nach in Angriff genommen
werden, und zwar, mit Rücksicht auf die verschiedenen Geschlech-

---

*) Ueber schreiende Fälle dieser Art berichtet der Aufsatz: „Ein spanischer
Inquisitionsprozess neuesten Styls" in der Beilage Nr. 166 zur Augsburger
Allgemeinen Zeitung vom 14. Juni d. J.

**) S. *Krause*, Urbild der Menschheit (2. Ausg. Göttingen, 1851) S. 32—38,
S. 199—223 und S. 306—308.

***) Das. S. 223—234 und S. 310 f. — Das Buch ist auch in freier spa-
nischer Bearbeitung erschienen, unter dem Titel: *C. Chr. Fr. Krause. Ideal
de la humanidad* para la vida, con introduccion y comentarios por *D. J.
S. del Rio*, Catedrático de Historia de la Filosofia en la universidad Central.
Madrid, 1860. Ob die italienische Uebersetzung des Professors des Cri-
minalrechts *Pessina* in Neapel schon im Druck erschienen ist, ist mir
unbekannt.

ter, Lebensalter und Berufstände, sowie auf das Volksschriften-
und Zeitungswesen und Befreiung desselben von der Knechtung
durch den Buchhandel und ihren üblen Folgen. Durch die Anerkennung der Selbständigkeit und Selbstverwaltung des Lehr-
und Bildungsvereines gegenüber dem Gottinnigkeitvereine und dem
Rechtsvereine wird ein, der Idee der Gesellschaftgliederung ent-
sprechendes, wahrhaft erfolgreiches und harmonisches Zusammenwirken von Schule, Kirche und Staat erst ermöglicht, wie im allgemeinen, so insbesondere auch in Zwangserziehungs- oder Zucht-
häusern zur Besserung nicht nur von Verbrechern, sondern auch
von Lasterhaften und anderen einer Nacherziehung Bedürfigen.
(Vergl. Satz 18).*)

---

15. **(Ursachen der zunehmenden Gleichgültigkeit gegen die
Religion und der Versumpfung des kirchlichen Lebens. In diesen
Zuständen liegende Gefahren. Gegenmittel.)** Vielen — auch Solchen, denen man ein höheres Streben nicht absprechen darf —
sind die Begriffe der Religion und der Confession, wo nicht
gänzlich verleidet, doch mehr oder weniger getrübt worden in
Folge der Ueberschätzung des Confessionellen, das doch im Ver- ·
hältniss zur Religion nur etwas Untergeordnetes ist, — in Folge
des Zurückbleibens der Religionslehre hinter den Forderungen des
fortschreitenden Lebens und der Wissenschaft, sowie der, damit
zusammenhängenden, ungenügenden und oft ungeschickten Ver-
theidigung der religiösen Idee gegen die Angriffe einer blossen
Scheinwissenschaft, — endlich in Folge der, die Religion schädi-
genden, Einmischung des Staates. Darin, dass es dahin gekommen ist, liegt unverkennbar eine grosse Gefahr für die gedeihliche
Fortentwickelung des Lebens. Eine nicht geringere liegt andrerseits in der Versumpfung des kirchlichen Lebens zufolge gewalt-

---

*) In diesen Beziehungen Vortreffliches leistet Ritter *W. H. Suringar.* Von
seinen Veröffentlichungen sind hier zu erwähnen: 1) Niederländisch-
Mettray, Ackerbau-Colonie für sittlich verwahrloste Kinder, deren Gründung, innere Einrichtung und Erziehungssystem etc. Aus dem Franzö-
sischen übersetzt (Zweite Auflage, Frankfurt a/m. Verlag der commerciell-
gewerblich-statistischen Anstalt, 1855). 2) Rede über das Bedürfniss einer
zweckmässigen Armenpflege und der Errichtung eines Armenpatronats,
sowie über das bei seiner Ausübung zu beobachtende Verfahren etc. Gedruckt bei G. J. R. Suringar in Leeuwarden (1842).

samer Hemmung der geistig freien Bewegung und des dadurch
herbeigcführten verkehrten Festhaltens an bestimmten äusseren
Formen, die doch ihrer Natur nach dem Veralten unterworfen
sind. Um diese Gefahren abzuwenden, hat der Staat das religiöse Leben und Streben völlig freizugeben, soweit dasselbe den
begründeten Rechtsforderungen aller Theile nicht widerstreitet.
Ausserdem aber bedarf es zu diesem Zwecke vor Allem von Seiten der Religionslehrer der eifrigsten Pflege der Wissenschaft, die
— obgleich sie in ihren obersten Theilen selbst ein Bestandtheil
des gottinnigen Lebens ist und bleibt — von ihnen bisher nur
allzusehr vernacblässigt, wo nicht gar gefürchtet worden ist; von
Seiten der Mitglieder der religiösen Gemeinschaften aber bedarf
es der Fassung und ernsten Durchführung eines wahrhaft sittlichen Willens, der nicht nur die eingerissene Gleichgültigkeit über-
windet, die in Betreff der Gottinnigkeit (Religion) wie alles andern Guten und Schönen gleich unstatthaft ist, sondern zugleich
den Sinn für Wahrhaftigkeit stärkt und allem falschen oder
heuchlerischen Scheine entsagt.

16. (**Beförderung des Studiums der Rechtsphilosophie bei
allen Ständen, schon vorbereitet in der Schule, ein Mittel den,
bei Vielen unterdrückten, Rechtsinnn wieder zu wecken.**) Der
Begriff des Rechts ist vielen Zeitgenossen fast gänzlich verloren
gegangen in Folge des Geistes rechtswidriger Gewalt, der sich
durch längere Zeit in der Staatsverwaltung nach blossen Partei-
interessen oder nach der Gunst der Gewalthaber und ihrer Diener
abwechselnd in Form der Reaction und Staatsstreichspolitik, oder
der Revolution bethätigte.*) Ein hauptsächliches Mittel, um diesem
Uebelstand, der die gesunde Fortentwickelung der Staaten und
aller durch die staatliche Thätigkeit bedingten Lebenskreise auf's
höchste bedroht, abzuhelfen und den Rechtsinn, der die Erreichung des Staatszweckes am besten sichert, wieder zu wecken
und zu stärken, liegt in der *Beförderung des Studiums der Rechtsphilosophie* und zwar nicht bloss bei den Juristen, sondern — durch
gemeinverständliche Vorträge und Bücher — auch bei den andern
Ständen. Schon in den Schulen soll der Rechtsinn auf die Erkenntniss dessen, was an sich Recht ist, gegründet werden, in

*) Daher die Frevelrede: Macht geht vor Recht.

derselben Weise wie man überhaupt die sittliche Erziehung der
Jugend auf richtige Einsicht in das, was Gut und Pflicht ist, baut.
Der blosse gute Wille, das Recht zu achten und dem Unrecht zu
entsagen und zu widerstehen, auch wenn er überall vorhanden
wäre, reicht für sich allein nicht hin. Um wirklich in Willen und
That das Recht setzen und das Unrecht verneinen zu können,
muss man einsehen, Was an sich Recht und was Unrecht ist, und
nicht etwa blos, Was den bestehenden Gesetzen entspricht oder
zuwider ist. Auch die ursprünglich, nach den gegebenen Umständen besten und gerechtesten Gesetze werden, bei der unauf-
haltsam fortschreitenden Entwicklung des Gesellschaftlebens, allmählich ungenügend, ja lebenhemmend und dem reinen Urbegriffe
des Rechts für die höhere Entwickelungstufe widersprechend;
nicht wenige Gesetze aber, die in noch unreifem und misbildetem
Leben geschaffen worden sind, waren von Anfang an keine Rechtsgesetze, sondern Unrechtsgesetze. Zur Verwirklichung des Rechts
ist es also nöthig, den *Urbegriff des Rechts* und die Ergebnisse
der wissenschaftlichen Entwickelung desselben, d. h. der *Rechtsphilosophie*, zu kennen. Darin liegt für die Freunde und Vertreter
des Rechtsstaates die Aufforderung, die Pflege dieser Wissenschaft
in aller Weise zu fördern. — Dass dermalen viele übrigens auf-
richtige Freunde des Rechtsstaates die modische Geringschätzung
der Philosophie sogar auf die Rechtsphilosophie ausdehnen, und
von der hohen Lebensbedeutung dieser nicht einmal mehr eine
Ahnung haben, beweist augenscheinlich, wie sehr es den An-
hängern des einseitigen Historicismus und des Stabilismus, sowie
den Rückwärtsstrebenden bereits gelungen ist, die zur Vervoll-
kommnung drängende ideale Richtung, *dieses eigentliche Lebens-
element einer neuen besseren Zeit*, zu stören, wo nicht zu zer-
stören.*) — Unter Rechtsphilosophie ist selbstverständlich hier
nicht jener lebenwidrige und unfruchtbare, abstracte Naturrechts-
formalismus gemeint, gegen den die historische Schule sich mit
Recht erklärt hat, sondern eine solche Rechtsphilosophie, die dem

---

*) Dass das hier Gesagte dem besseren Geiste unserer Zeit entspricht, wird
durch die grosse Verbreitung bestätigt, die eine von mir vor Kurzem
bei einer festlichen Gelegenheit zu Gunsten des Studiums der Rechtsphilosophie gehaltene, Tischrede gefunden hat. Dieselbe wurde, soweit die
deutsche Zunge reicht, von Organen der verschiedensten Parteien wie-
dergegeben, bis nach Nordamerika.

Leben vorzuleuchten geeignet ist, weil sie auf der Unterlage der
Anthropologie und der Gesellschaftlehre ruht, weil sie reich ist
an aufbauenden Ideen, den Bedürfnissen der Neuzeit entgegen-
kommt und ein besonnenes Fortschreiten möglich macht, wie dieselbe in den Schriften *Krause's* und seiner Schule*) begründet und
entwickelt ist.

17. **(Der Sittlichkeitverein ein bisher noch fehlendes, für
das Gedeihen auch von Religionsverein und Rechtsverein und für
Herstellung des inneren und des äusseren Völkerfriedens unent-
behrliches Glied im Gesellschaftorganismus.)** Ein nicht minder
wichtiges Glied im menschlichen Gesellschaftorganismus als der
Gottinnigkeitverein und der Rechtsverein, der Wissenschaftverein
und der Bildungsverein, ist der *Sittlichkeitverein* (Tugendbund). **)
Derselbe hat vor Allem die Aufgabe, die so Vielen ganz oder theil-
weis getrübte, ja abhanden gekommene, Idee der Sittlichkeit wieder
zu klarem Bewusstsein zu bringen. Ferner hat er sich gründliche
Untersuchungen über die sittlichen Mängel und Gebrechen aller Art

*) *K. Chr. Fr. Krause*, Abriss des Systemes der Rechtsphilosophie (Göttingen, 1828). Die Herausgabe der noch ungedruckten Vorlesungen Krause's
über diesen Abriss hat Professor *Schliephake* übernommen. — *H. J.
Ahrens*, Cours de droit naturel (Bruxelles 1837—39). Von diesem Werke
bestehen in verschiedenen Sprachen zusammen wenigstens achtzehn Aus-
gaben, darunter französische, deutsche, italienische, ausserdem spanische,
portugisische (in Brasilien), und eine uugarische; ob die russische Uebersetzung schon erschienen, ist mir unbekannt. Eine neue französische
kommt soeben zur Versendung unter dem Titel: Cours de droit naturel
ou de philosophie du droit, 6. édition entièrement refondue et completée par la
theorie du droit public et du droit des gens. Leipzig. Brockhaus; eine
neue deutsche (der Titel der früheren ist: „Die Rechtsphilosophie oder
das Naturrecht auf philosophisch-anthropologischer Grundlage") gleichfalls
umgearbeitete und in gleicher Weise erweiterte wird vorbereitet. —
K. D. A. Röder, Grundzüge des Naturrechts (Heidelberg und Leipzig, 1846),
wurde ins Russische übersetzt. Die zweite Ausgabe in 2 Bdn, 1860—63,
erscheint demnächst in euglicher, in spanischer und iu rumänischer
Uebersetzung; ein tschechischer Auszug ist in Arbeit.

**) *S. Krause's* „Urbild der Menschheit" S. 52 f. und S. 167—171. — Von
Dessen „System der Sittenlehre" (1810) ist nur der erste, die metaphysi-
sche Grundlegung derselben enthaltende, Band erschienen. Ein dankens-
werther Versuch, die Sittenlehre selbst auf dieser Grundlage auszuführen,
ist: *Gu. Tiberghien*, Esquisse de philosophie morale, précédée d'une in-
troduction à la métaphysique (Bruxelles, 1854).

und über ihre Veranlassungen,*) sowie die Erforschung der rechten
Mittel zu ihrer Beseitigung und die Anregung des thatkräftigen Eifers
für freiwillige Anwendung dieser Mittel angelegen sein zu lassen, und
zwar ohne Beschränkung seiner reinmenschlichen Aufgabe und Wirk-
samkeit durch confessionelle oder sonstige Rücksichten. Nur durch
den Sittlichkeitverein vermag in der menschlichen Gesellschaft die
innere Freiheit (nämlich das freiwillige Thun dessen, was den Urbegriffen der Sittlichkeit, des Rechts, der Gottinnigkeit und des
Schön-Menschlichen entspricht, und das freiwillige Unterlassen
dessen, was diesen Urbegriffen widerspricht), damit zugleich aber
die wahre Ehrenhaftigkeit, die rechte Selbstachtung geweckt und
wach erhalten zu werden, ohne welche nicht nur der Geist der
Sitten- und der Rechtsgesetze undurchführbar ist, sondern auch die
äussere Freiheit vor dem Missbrauche, der ihren Fortbestand ge-
fährdet, nicht gewahrt zu werden vermag; und ohne welche die
gesammte menschliche Werkthätigkeit (Wissenschaftforschung,
Lehre, Kunstübung, Gewerbe, Handel u. s. w.) einer selbstsüchtigen
Entweihung ausgesetzt bleibt, gegenüber welcher die blosse Zwangs-
gewalt des Staates nicht ausreicht, und wie die Geschichte zeigt,
auch der Gottinnigkeitverein unmächtig ist. Nur durch den Sittlichkeitverein vermag daher auch der *innere Friede der Völker*, d. h.
der sittlich-ehrenwerthe Wettkampf der Parteien auf den verschiedenen Gebieten der Lebensbestimmung hergestellt zu werden.
Dieser aber, indem er einen gleich friedlichen Wettkampf der
Völker und einen, von gegenseitiger Hochachtung geleiteten,
Verkehr zu wechselseitigem Frommen einleitet, ist auch die Vor-
bedingung für die feste Begründung des *äusseren Friedens der
Völker* und der endlichen Abstellung der Thorheit, der Sünde
und Schande des Krieges. *Die Begründung des Sittlichkeitvereines
ist, aus allen diesen Gründen, eine dringende Forderung für die
gedeihliche Fortbildung des Menschheitlebens.* Dieselbe hat, wie

---

*) Einen höchst wichtigen und beherzigenswerthen Beitrag hiezu liefert die
kürzlich erschienene kleine, *der Journalistik gewidmete* Schrift: „Die Gefahren für die Sittlichkeit unserer Jugend. Eine Mahnung an die Gesellschaft von *Felix August Reinhold*. Wien, 1868. Beck'sche Universitäts-
Buchhandlung." Es wird darin auf die Unsittlichkeit unserer gesellschaftlichen Zustände und auf die in ihnen liegende Verführung hingewiesen,
sowie auf die Pflicht der Gemeinden und des Staates, durch strenge
Handhabung bestehender oder Schaffung und Durchführung neuer Gesetze ihr Einhalt zu thun.

jeder, einem besonderen Hauptgebiete der menschlichen Bestimmung gewidmete gesellschaftliche Theilorganismus, auf dem Wege der freien Vereinigung von Einzelen, Familien, Berufständen u. s. w. zuerst für einzele und allmählig für umfassendere Sittlichkeitaufgaben vor sich zu gehen, wie das hie und da wirklich schon theilweise der Fall ist.

18. **(Die Verbesserung der Strafgesetzgebungen gemäss der Idee der Besserungstrafe als alleiniger Rechtsstrafe und demgemässe Durchführung der Einzelhaft eine der wichtigsten Aufgaben des Zusammenwirkens von Rechtsverein, Sittlichkeitverein und Religionsverein.)** Eine besondere Aufgabe des Sittlichkeitvereines im Bunde mit dem Bildungsvereine und dem Rechtsvereine ist die Sorge für Besserung der Lasterhaften und der Verbrecher. Bei jeder wahren, d. h. diesem letzteren Zwecke entsprechenden, Verbesserung der Strafrechtsverwaltung muss von der Anerkenntniss ausgegangen werden, dass *die wahre Rechtsstrafe Besserungstrafe* ist;*) dass alle Strafrechtstheorien, die diess nicht erkennen, mindestens einseitig und insofern verkehrt sind,**) und dass alle

---

*) Es ist ein *Krause* und seiner Schule zu verdankender Fortschritt, durch Klarstellung des Rechtsbegriffes und insbesondere der Begriffe des Rechtsgrundes und des Rechtszweckes gezeigt zu haben, dass die Besserungstrafe nicht blos eine Forderung der Menschlichkeit, sondern auch *die alleinbefugte Rechtsforderung* ist. — Hier sind unter anderen Schriften *K. D. A. Röder's* (Auffallender Weise ist dieser Forscher, der seit dreissig Jahren an der Spitze seines Faches schreitet, noch immer ausserordentlicher Professor) besonders hervorzuheben: 1) „Der Strafvollzug im Geiste des Rechtes 1863," (Vergl. über dieses Buch einen Artikel von *H. Schliephake* in der „Zeitschrift für die gesammte Staatswissenschaft," Jahrg. 1865). 2) „Besserungstrafe und Besserungstrafanstalten als Rechtsforderung, 1864;" von nicht deutschen: *Modderman*, Straf — geen Kwaad (Amsterdam; 1864) und *A. von der Does de Bye*, De moderne beginselen van Strafregt (Batavia), vergl. darüber Heidelberger Jahrbücher, Jahrg. 1866, Nr. 32.

**) S. *K. D. A. Röder*, die herrschenden Grundlehren von Verbrechen und Strafe in ihren inneren Widersprüchen. Eine kritische Vorarbeit zum Neubau des Strafrechts; Wiesbaden 1867. (Diese Schrift erscheint demnächst auch in englischer, spanischer und rumänischer Uebersetzung, in Deutschland dagegen ist, mit Ausnahme einer sehr empfehlenden Besprechung in der „Deutschen Gerichtszeitung, sowie einer kleinen sehr anerkennenden Anzeige in der „Badischen Landeszeitung" und einer solchen in der „Süddeutschen Presse," noch keine Recension derselben erschienen. Fast möchte es scheinen, der Mehrzahl der deutschen Crimina-

Strafgesetzgebungen, die nicht hinter dem besseren Zeitgeiste zurückbleiben wollen, im Geiste der reinen oder strengen Besserungstraflehre umgebildet werden müssen. Die baldige allgemeine Lösung dieser Aufgabe ist um so wichtiger, weil die, schon von rein rechtlichem Standpunkte verdammenswerthen, *Gefängnisse mit gemeinsamer Haft*, zugleich *eine der grössten Gefahren des heutigen Gesellschaftlebens* sind, indem sie das Ehrgefühl und Gewissen noch mehr unterdrücken, die innere Schlechtigkeit durch den Verkehr der Verbrecher mit einander furchtbar steigern und daher *als wahre Verbrecherhochschulen wirken*. Als *das einzige Mittel der Abhülfe*, das nicht nur durch die Theorie, sondern, wie der Erfolg *allerorten übereinstimmend* zeigt, auch durch die Erfahrung an die Hand gegeben wird, ist *die in wahrhaft menschlichem Sinn durchgeführte Einzelhaft* zu betrachten.

19. **(Ein Hauptmittel, um bei den sich bekämpfenden Parteien den reinmenschlichen Ehrenpunkt und eine dem entsprechende menschenwürdige Gesinnung zu wecken, ist: Verbreitung der Einsicht in die principielle Uebereinstimmung des wahren Glaubens und der Ergebnisse freier Vernunftforschung.)** Die *Verbreitung der Einsicht in die Harmonie der Ergebnisse der freien Wissenschaftforschung und des wahren und lebenweckenden Glaubens an die Herstellung des Reiches Gottes und seines Friedens auf Erden* *) — wie sie dargethan ist durch die *erneute Vernunftkritik*, **) die streng wissenschaftlich begründete *Lehre vom Menschheitbund* ***) und die *Philosophie der Geschichte* †) — erscheint als *ein Hauptmittel*,

---

listen sei durch die strengen Schlussfolgerungen dieser Schrift das Concept so verrückt worden, dass ihnen zugleich die Sprache abhanden gekommen.

*) Vergl. oben die Sätze 3, 6, 14 und 15.

**) S. *Krause's* „Abriss des Systems der Philosophie (Göttingen, 1828)" S. 1—34; Dessen „Vorlesungen über das System der Philosophie (Göttingen 1828)" S. 1—356, oder Dessen „Vorlesungen über die Grundwahrheiten der Wissenschaft in ihrer Beziehung zum Leben (Göttingen, 1829)" S. 1—181; oder: *Gu. Tiberghien* „Exposition du système philosophique de *Krause* (Bruxelles, imprimerie de Th. Lesigne, 1844)" p. 11—53.

***) S. *Krause's* „Urbild der Menschheit (Dresden, 1811; zweite Ausgabe, Göttingen, 1851)."

†) .S. Dessen „Geist der Geschichte der Menschheit oder Vorlesungen über die reine d. i. allgemeine Lebenlehre und Philosophie der Geschichte zu Begründung der Lebenskunstwissenschaft. Herausgegeben von *H. Leonhardi* (Göttingen, 1843)." Ein besonderer Abdruck meines Vorberichtes und der Inhaltsübersicht dieses Werkes ist gleichzeitig das. erschienen. —

um die bisher noch auf Tod und Leben sich bekämpfenden Parteien zu einer tieferen Erfassung ihrer eigentlichen Strebeziele zu führen und dadurch sie auch für das Gute und Berechtigte der Gegenpartei empfänglich und · zu einer Versöhnung geneigt zu machen, so aber *bei allen Parteien den, den Parteistandpunkt überragenden, wahrhaft menschlichen Ehrenpunkt und die reinmenschliche Gerechtigkeit, Liebe und Duldung zu wecken.* Dadurch allein kann auch die, schon von *J. A. Comenius* geforderte, allgemeine friedliche Berathung der Alle angehenden Angelegenheiten in's Werk gesetzt, dem bisherigen Wüthen der Gesellschaft gegen sich selbst ein Ende gemacht und eine wahrhaft neue Zeit herbeigeführt werden.

20. **(Für Ausbreitung des, auch von der Vernunft geforderten, Gottesreiches auf Erden bedarf es einer Läuterung und Höherbildung der Geister und Gemüther. Um das behufs dieser erforderliche, harmonische Zusammenwirken des Erzieher- und Lehrstandes zu erreichen, ist vor allem eine entsprechende Pflanzschule der Lehrerbildung nöthig.)** Für die Ausbreitung des Reiches Gottes im eben erwähnten Sinne thut eine Läuterung und Höherbildung (eine Wiedergeburt) der Geister und Gemüther Noth. Um aber dieselbe gründlich vorzubereiten und schon die Jugend ihr zugänglich zu machen, ist ein enges Zusammenwirken des gesammten Erzieher- und Lehrerstandes erforderlich. Erreichbar ist ein solches Zusammenwirken nur dadurch, dass die Lehrerbildung sich hauptsächlich stütze auf den rückleitenden (*analytischregressiven*) Theil der Philosophie,*) der von den unmittelbar gewissen Thatsachen des Selbstbewusstseins aus Schritt vor Schritt zur Gewissheit der Gotteserkenntniss als allumfassenden Wissenschaftprincipes hinführt, — sowie, dass sie auf dieser Grundlage weitergeführt werde zur Würdigung des sich wechselseitig ergänzenden Charakters aller einzeln Wissenschaften als der

Ein sehr werthvoller Beitrag zur Philosophie der Geschichte und zugleich ein Buch, das geeignet ist, dem Juristen für seinen Stand eine schöne Begeisterung zu wecken, ist: *K. D. A. Röder*, Grundgedanken und Bedeutung des römischen und germanischen Rechts. Zur Vermittelung der historischen und philosophischen Rechtsansicht und zur Empfehlung rechtsvergleichender Vorträge. Leipzig, 1855.

*) Ein auf solcher Grundlage gearbeitetes Schriftchen eines noch lebenden Mitarbeiters *Fr. Fröbel's*, das allgemein die günstigste Aufnahme gefunden hat, ist: *H. Langethal*, der erste Schulunterricht, auf das Wesen und die Entwickelung des Kindes gegründet. Jena, 1865.

gleichwesentlichen Theile der Einen göttlichen Wahrheit, und
zu dem, in dieser Einsicht begründeten, harmonischen Lebens-
sinne. Durch eine in dieser Weise gebildete Lehrerschaft, zu
deren Bildung es vor Allem einer entsprechenden Pflanzschule
der Lehrerbildung (*eines philosophischen Seminars oder Päda-
gogiums*) bedürfte, würde schon in den nächsten Generationen
sich ein merkbarer Umschwung zum Besseren bewirken lassen.

**21. (Der erste Grund des angestrebten Umschwunges ist,
durch besser zu erziehende Mütter, schon im zartesten Alter,
und durch den Fröbel'schen Kindergarten zu legen. Die Volksschule hat auf den Leistungen dieses weiterzubauen, wovon auch
eine günstige Rückwirkung auf die Wissenschaftschulen zu er-
warten ist. Der Kindergarten auch als Mütterschule und als
Gelegenheit zu Vollendung der Vorbildung künftiger Lehrer.)** Der
erste Grund dieses anzustrebenden Umschwunges muss gelegt
werden durch erziehende Pflege vom zartesten Alter an, also wie
J. A. Comenius richtig verlangte, schon durch Erziehung des Kindes in der Wiege; wozu freilich erfordert wird, dass auch die
Frauen selbst besser erzogen werden, dass ihnen nämlich charakter-
volle Wahrung der Frauenwürde, nicht die blosse „gute Ver-
sorgung" selbst auf Kosten des Charakters, als Hauptstrebeziel
vorgesteckt werde. — Weiterhin hat auch die gesellschaftliche
Bildungsthätigkeit in der Weise der Familie die Hand zu reichen,
dass ein Verbindungsglied zwischen Haus und Schule hergestellt
werde. Der *Fröbel'sche Kindergarten*, der dieser Anforderung entspricht, ist die *Vorstufe der Volksschule.**) *Diese selbst aber ist,
damit sie ihrer Idee entspreche, bezüglich ihres Lehrstoffes in der
Art zu erweitern und höher zu bilden, dass sie auf dem im Kindergarten Gewonnenen allseitig fortbaue.***) Von Volksschulen, die

---

*) Es ist eine fast unbekannte Thatsache, dass *Fr. Fröbel*, der zu seiner
„Menschenerziehung" durch *Krause's* „Urbild der Menschheit" begeistert
wurde und nach Veröffentlichung des rückleitenden Theiles der Philosophie *Krause's* (1828), sich gedrungen fühlte, Dessen persönliche Bekannt-
schaft zu machen, von demselben, unter Hinweisung auf *Comenius*, auch
veranlasst wurde, sein Erziehungsbestreben auf das früheste Lebensalter
auszudehnen, woraus dann die „Mutter und Koselieder" und der Kindergarten hervorgingen.

**) Beachtenswerthes in dieser Richtung, soweit dieß bei der unvermeidli-
chen Rücksichtnahme auf den allgemeinen Schulplan möglich ist, leistet
Kindergarten- und Schuldirector *J. Heinrich* zu Prag in seiner fünfklas-
sigen Hauptschule.

dieser Forderung nachkommen, darf selbst eine Rückwirkung auf Neubelebung und Höherbildung der Wissenschaftschulen erwartet werden. — *Der Kindergarten* selbst soll in Fröbel's Sinn mehr und mehr auch als *Mütterschule* ausgebildet werden ; *dem künftigen Lehrer und Erzieher aber gewährt ein Uebungskurs der Mitwirkung im Kindergarten eine, nicht hoch genug zu schätzende, Schule des Individualisirens.*

II. Aus der Wissenschaftlehre.

22. (Die beiden Forschungswege.) Alle Wissenschaftforschung, die nicht auf halbem Wege stehen bleiben und der Gefahr der Vereinseitigung unterliegen will, hat die Wahrheiten ihres Gebietes im Zusammenhange mit dem höchsten Wissensgrunde nachzuweisen, geschehe diess nun durch *Zurückführung* auf denselben, oder, soweit das möglich ist, durch *Ableitung* aus demselben.

23. (Daraus sich ergebende Gliederung der Wissenschaft.) Da der höchste Wissensgrund nicht bloss vorausgesetzt und ohne genügenden Nachweis*) behauptet werden darf, so muss der wissenschaftlichen Ableitung (der speculativen Deduction) die Sicherstellung der Grunderkenntniss durch Zurückleitung des Denkens zu derselben, auf dem Wege einer Prüfung sämmtlicher Erkenntnissquellen, vorausgehen. Die Wissenschaft gliedert sich daher in zwei Theile: einen *zurückleitenden* (regressiven, inductiven, anagogischen, subjectiv-analytischen**) und beziehungsweise empirischen oder intuitiven), und einen *ableitenden* (deductiven, progressiven, objectiv-synthetischen***) oder speculativen) Theil, aus

---

*) *Nachweisen* oder ausser Zweifel setzen, ist wohl zu unterscheiden von *Beweisen* in dem Sinne von Begründen. Von dem höchsten Wesens- und Wissensgrunde kann nicht ein noch höherer Grund nachgewiesen werden sollen, denn er ist, wenn klar erfasst, an sich selbst gewiss und unbezweifelbar.

**) Die Bedeutung der Wörter: *analytisch* und *synthetisch* hat sich im Laufe der Zeit (wie z. B. auch die der Wörter *Subject* und *Object*) im philosophischen Sprachgebrauche geradezu umgekehrt, während diess in dem mathematischen Sprachgebrauche nicht der Fall ist. Man hat sich daher vor Missverständniss zu hüten.

***) *Synthetisch* ist hier in dem Sinne gebraucht, dass Zwei oder Mehre als aus dem gleichen Grunde gesetzt erkannt werden.

deren Verbindung erst die vollendet *wissenschaftliche Construction* hervorgeht. *)

---

24. **(Die Hauptpunkte des zurückleitenden Theiles.**) Der zurückleitende Theil erreicht sein Ziel in folgender Weise. Zuerst wird der, im menschlichen Geiste noch schlummernde, *Gedanke der Wissenschaft* geweckt und geklärt, und damit die *Forderung der Grunderkenntniss* **) zum Bewusstsein gebracht. Sodann wird in *übersichtlicher Durchprüfung des in den verschiedenen sinnlichen und nichtsinnlichen Erkenntnissquellen Gegebenen* dargethan, dass *das eigene Selbst* für uns bis zur Erreichung der Grunderkenntniss *das einzige zweifellos und unmittelbar Gewisse ist,* somit der *nothwendige Ausgangspunkt für alles wissenschaftliche Vorschreiten;* von hier aus aber wird durch Aufwerfung der, alles Denken leitenden, Fragen (Was? Wie? Warum?) *zu Vertiefung in die Selbstschauung: Ich, und zu Weiterbestimmung derselben hingeleitet.* Durch umsichtiges Vorgehen sind dabei die ohne Noth selbstgeschaffenen Schwierigkeiten, an denen *Kant* und seine Nachfolger scheiterten, zu vermeiden, und die das gewöhnliche Denken befangenden Wirrbegriffe und Misvorurtheile zu beseitigen. Eben dadurch aber wird der unauflösliche allseitige Zusammenhang nachgewiesen zunächst des eignen Inneseins ***) mit dem eignen Wesen und Sein, und ferner auch der Zusammenhang des eignen Inneseins und des eignen Selbst mit umfassenderen, die Wesenheit des Ich überschreitenden Wesenheiten. Dabei bildet die *Begriffbestimmung des Inneseins die Brücke,* die den denkenden Geist *über das eigne Selbst hinausführt zu Wesenheiten,* von denen seine eignen Grundbestandtheile in einer Hinsicht nur Theile sind, und *die er daher, sobald er diess bemerkt, als nicht minder wesenhaft und wirklich erkennt,*

---

*) *I. H. Fichte*, auf S. 224 seiner Schrift: ',,Ueber Gegensatz, Wendepunkt und Ziel heutiger Philosophie (Erster kritischer Theil, Heidelberg, 1832)" sagt in dieser Beziehung: „*Krause* hat nach unserem Urtheil die allgemeine Architektonik und den ganzen wissenschaftlichen Gang des *Systemes* der Philosophie richtig vorgezeichnet, indem er besonders die Verbindung ihres subjectiven und objectiven Theiles in's Licht zu setzen bemüht war."

**) Nämlich des, das höchste *Sachprincip* erfassenden, allgemeinen *Erkenntnissprincipes.*

***) Unter *Innesein* wird hier verstanden die Eine und untheilige Wesenheit, die je nach ihren verschiedenen Entwicklungstufen und Beziehungen: *Leben, Wollen, Empfinden, Anschauen, Denken und Bewusstsein ist.*

3

als das eigne Selbst, und die er, gleich diesem anerkennen muss, *als begründet* in noch höheren Wesenheiten und mit diesen in Einer höchsten Wesenheit — nämlich *in der Wesenheit des Einen, höchsten Grundwesens selbst.**) *Diess anzuerkennen kann er nicht umhin*, sobald er durch die bestimmtere Erfassung des eignen Selbst sich genöthigt findet, hinsichts desselben, insbesondere aber hinsichts des, ihrem Inhalte nach sein eignes Wesen überschreitenden Theiles seiner Gedankenwelt die *Frage nach dem Grunde*, (Warum? Woher? Wodurch?) zu erheben; eine Frage, die genau betrachtet, bereits die, schon in Frageform dem Geiste sich unvermeidlich aufdrängende, Erkenntniss in sich birgt.

25. (Verhältniss der Einzelwissenschaften zur Philosophie.) Ist die *Aufgabe des zurückleitenden Theiles* die, den in den Fragen : Was? Wodurch? Warum? schlummernden *Gedanken des Einen, höchsten* — alle einzelen Wesen, Wesenheiten und Seinheiten aller Stufen und Arten begründenden — *Wesens als zugleich des höchsten Wissensgrundes zu wecken, zu klären und ausser Zweifel zu setzen*, und sind alle Wahrheiten und Einzelwissenschaften in ihrer Vollendung nur die untrennbaren Theile *Eines allumfassenden Wissenschaftbaues* (der Einen Wissenschaft, des Einen Wissenschaftorganismus), so ist *die Aufgabe auch jeder einzelen, der inductiven Methode sich bedienenden, Wissenschaft* diese: das Wesenheitganze, dessen Erforschung sie gewidmet ist, im Zusammenhange, nicht nur mit deren nächsthöherem Gebiete, sondern durch dieses hindurch mit dem höchsten Grundwesen selbst zu verfolgen, und sofern sie dieser höchsten Forderung des wissenschaftlichen Geistes entspricht, ist sie ein eigenthümlich werthvoller **) untergeordneter Theil *des zurückleitenden Theiles des allumfassenden Wissenschaftbaues selbst, oder der Philosophie im weiteren Sinne des Wortes.* Umgekehrt ist *die Philosophie im enge-*

---

*) Auf S. 279 seiner: „Grundzüge zum System der Philosophie (1833)“ bezeichnet *I. II. Fichte* „den scharfsinnigen, wahrhaft um die Philosophie verdienten Krause“ als den, „der mit bestimmter wissenschaftlicher Einsicht die Aufgabe ausgesprochen und zum Inhalte des ersten *subjectivanalytischen* Haupttheils der Philosophie gemacht hat: das Ich durch alle seine Formen und Momente bis zur Grunderkenntniss Gottes zu führen.“

**) Denn die analytische Vorbereitung zu Entwickelung des *Kategorienorganismus*, als des *synthetischen Organons* ist zum Theil von solcher echt analytischen Ausbildung der empirischen Wissenschaften bedingt.

ren Sinne des Wortes in ihrem rückleitenden (intuitiv-inductiven oder regressiv-analytischen) *Theile* auch *Empirie*, und zwar im Sinne *allgemeiner Wesenforschung.*

26. (Gemeinsamkeit des Anfanges der Forschung in allen Gebieten des Wissens.) Der rückleitende Theil der Philosophie im engeren Sinne — d. i. der allgemeinen Grund- und Zusammenhangswissenschaft — bildet, im Unterschiede von den besonderen rückleitenden Theilen der Einzelwissenschaften, für diese das ihnen allen gemeinsame Gebiet; denn, sofern er unter Anderem auch die Kritik derjenigen Begriffe und Urtheile leistet, ohne deren Anwendung überhaupt Empirie nicht möglich ist, ist er die nothwendige Vorschule für alle Empirie, die nicht unkritisch verfahren will.

27. (Gemeinsames, und insofern neutrales Ausgangsgebiet für die verschiedensten speculativen Versuche.) Soweit der rückleitende Theil der Philosophie sich hinsichts der inneren Gliederung des eignen Selbst nicht in grössere Bestimmtheit einlässt, als nöthig ist, um die Grunderkenntniss zur Gewissheit zu bringen, ist er auch das neutrale Ausgangs- und Vermittelungsgebiet für alle, noch so verschiedenen speculativen Versuche, vorausgesetzt, dass dieselben nicht voreilig und einseitig dogmatisch, oder bloss hypothetisch verfahren.*) Die Haltbarkeit eines speculativen Systemes ist daher vor Allem danach zu bemessen, in wie weit es mit den Wahrheiten des rückleitenden Theiles übereinstimmt, sofern derselbe von der Verschiedenheit der Methoden und Systeme unberührt bleibt.

28. (Verhältniss von Krause's Darstellung des rückleitenden Theiles zu der wissenschaftlichen Forderung.) *Krause's* Darstellung des zurückleitenden Theiles der Philosophie in seinem „Abriss des Systemes der Philosophie (Göttingen, 1828)"**) ist, wenn

---

*) Diess erkannte z. B. *Staudenmaier* an, dieser Stolz katholischer Theologen. Obgleich er mit Krause's deductiv-synthetischem Theile nicht einverstanden war, empfahl er doch Dessen analytischen Theil den Studierenden der Theologie als das Vorzüglichste, was die gesammte philosophische und theologische Literatur in dieser Art aufzuweisen hat.

**) Als Manuscript, für die Hörer gedruckt, erschien das Büchlein schon 1824. Vrgl. auch den betreffenden Abschnitt in *Krause's* „Vorlesungen über das System der Philosophie" (Göttingen, 1828), wovon eine spanische

3*

auch den Hauptzügen nach richtig und für den nächsten Lehr-
zweck genügend, doch in der Durchführung nach diesem Lehr-
zwecke beschränkt, daher der Ergänzung und in Einzelem der
Berichtigung bedürfig, und — je nach einem erweiterten Lehr-
zwecke und vorwaltender Benützung einer oder der anderen Grund-
wesenheit (vrgl. z. B. unten Satz 32) zur Hinleitung auf die Grunderkenntniss — in verschiedenster Weise weiter ausführbar.

29. (**Zur Ergänzung und Berichtigung von Krause's Darstellung.**) Eine, von *Krause* selbst als nöthig bezeichnete Ergänzung
dieser Darstellung ist eine genauere, vor Misverständniss sichernde,
Fassung des Begriffes des Geistes und seines Verhältnisses zum
Leibe. *) — Ferner ist eine erneute Erörterung des Begriffes der
Zeit anzustellen, womit möglicher Weise eine Berichtigung oder
beziehungsweise folgerichtigere Fassung des Schöpfungsbegriffes
zusammenhängt, über welchen, erst dem synthetischen Theile angehörigen, Gegenstand *Krause* selbst nicht zum Abschluss mit sich
gekommen war. **)

30. (**Das Dasein zweier, verschiedenen Gesetzen unterworfe-
ner Weltbereiche, nämlich eines geistigen und eines physischen,**

Bearbeitung ist: *C. Cr. Fr. Krause* Sistema de la Filosofia, Metafísica,
primera parte. Análisis por D. *J. S. del Rio* (Madrid, 1860, und seitdem in
zweiter Auflage erschienen). — Eine kurze Darstellung des rückleitenden
Theiles findet sich auch auf S. 1—39 von *Th. Schliephake*, Einleitung in
das System der Philosophie (Wiesbaden, 1856), eine ausführliche französische von *Gu. Tiberghien*, ist soeben erschienen unter dem Titel: „Intro-
duction à la philosophie et préparation à la métaphysique. Étude ana-
lytique sur les objets fondamentaux de la science, critique du positivisme
(Bruxelles et Liège, Librairie polytechnique d'Aug. Decq, rue de la Made-
leine 9). — *H. J. Ahrens*, Cours de Phisolophie, fait à Paris sous les au-
spices du gouvernement (II. Vol., Paris 1836—38), ist leider längst ver-
griffen; davon ist 1847 auch eine holländische Ausgabe von Professor
Niewenhuis erschienen.

*) Dieselbe wurde auf Grund seiner handschriftlichen Andeutungen in den
„Vorlesungen über die psychische Anthropologie (Göttingen, 1848)" auf S.
44—49 von *H. J. Ahrens*, dem Herausgeber dieses Werkes, unternommen.
In mancher Hinsicht reichere Darstellungen des rückleitenden Theiles
enthalten *Krause's* „Abriss des Systemes der Logik (Göttingen, 1825; 2
Ausgabe, 1828)", und „Vorlesungen über die Grundwahrheiten der Wissenschaft in ihrer Beziehung zum Leben (Göttingen, 1829)."

**) Eine von *Krause* selbst übersehene Voreil ist es, wenn auf S. 17 des
Abrisses behauptet wird: „Die Zeit ist in mir," statt befugter Weise an
dieser Stelle blos zu behaupten: „Meine Zeit ist in mir."

ist schon auf inductivem Wege nachweisbar.) Schon in dem zurückleitenden Theile der Philosophie wird, auf rein inductivem Wege, also noch abgesehen von eigentlicher Speculation, die eigengesetzige Wesenheit und das Dasein auch eines nicht physischen (nämlich den physischen Gesetzen nicht unterworfenen) Weltbereiches nachgewiesen; somit ebenso der Materialismus widerlegt, der die bezügliche Selbwesenheit des Geistigen läugnet, wie andrerseits der skeptische Idealismus, der die physische Welt läugnet. *)

31. (**Wichtigkeit der Unterscheidung von Ganzheit und Gesammtheit.**) Durch die von *Krause* betonte Unterscheidung des, als solches untheilbaren, *Ganzen* von der blossen *Gesammtheit der Theile* und dem blossen *Vereinganzen* wird die logische Ueberwindung des Atheismus, des Akosmismus und des Pantheismus und die Feststellung des *Panentheismus* **) vorbereitet. Zumeist die bisherige Vernachlässigung dieser Unterscheidung und die, aus dieser Vernachlässigung sich ergebende, unrichtige Anwendung des Ausdruckes *Ganzes* statt *Gesammtheit* (Summe) im mathematischen, physikalischen und physiologischen Unterricht, die daran sich schliessende Auffassung des *Ganzen* blos als *Allgemeinen* bei Philosophen, ferner die, damit zusammenhängende Nichtunterscheidung der verschiedenen Wesenheit- und Daseinheit-Gebiete (Realität- und Existenz-Gebiete) und ungenügende Erfassung der Begriffe *Mittel* und *Zweck*, *Bedingung*, *Ursache* und *Wirkung*, endlich die einseitige und irreleitende Anwendung des Ausdruckes: *wirklich*, sind die Hauptstützen des, besonders in unsrer Zeit so verbreiteten Wahnes, dass Alles sich auf rein mechanisch materiellem Wege und aus einer blossen Vielheit von Ursachen erklären lasse; dass echte Wissenschaftforschung nur auf eine solche Vielheit, nicht auf Eine höchste Ursache zurückleite, und dass Leben, Geist und überhaupt alles Uebersinnliche Nichts Wesenhaftes und Wirkliches, sondern blosse Einbildungen, blos mythische Vorstellungsweisen seien.

---

*) Vergl. *H. Leonhardi*, „Philosophische Vorbetrachtungen zu einer Pflanzen- und Thiersystematik" in den „Schriften des zoologisch-botanischen Vereines in Wien vom Jahre 1857."

**) Die Lehre, dass die Welt zwar von Gott verschieden, doch in und durch Gott begründet und mit Gott vereint ist. („In Gott leben, weben und sind wir"). S. Beilage B.

---

32. (Möglichkeit des inductiven Nachweises der s. g. moralischen Eigenschaften Gottes.) Durch Analyse der Begriffe, wodurch die Wesenheiten des Inneseins (Vergl. Satz 24, Anm.***)) erfasst werden, lässt sich schon in dem rückleitenden Theile der Philosophie die nöthige wissenschaftliche Vorbereitung gewinnen zu Erfassung des höchsten Grundwesens auch als des Seiner Selbst und der Welt inne seienden Wesens*); und es ist ein Verdienst *Krause's*, durch die darauf bezüglichen Begriffbestimmungen die bis dahin mangelnde logische Verbindung zwischen der Lehre von den ontologischen und den s. g. moralischen Eigenschaften Gottes hergestellt und zugleich die Eintracht zwischen der Philosophie und der wissenschaftlichen Theologie der Grundlage nach ermöglicht zu haben.**)

---

33. (Kritik der, zu systematischer Vereinseitigung führenden, überkommenen Wirrbegriffe.) Durch klarere Unterscheidung von *Wesen* (Was und zwar Selbstwas), *Wesenheit* (Was an einem Was), *Seinheit* und *Seinart* (dass, ob und inwiefern), durch vollständige Erkenntniss und Entfaltung der *Einheit* des Wesens und Unterscheidung der *Ureinheit* von den gegensätzlichen Artwesenheiten und von der, die Gegensätze gleichmässig umfassenden *Vereinheit* (die im s. g. dialektischen Fluss unbeachtet zu bleiben pflegt), sowie durch klarere Erfassung der *Selbheit*, von der die *Unbedingtheit*, und der *Ganzheit*, von der die *Unendlichkeit* nur eine mittelbare, eine doppelte Verneinung enthaltende Weiterbestimmung ist, sind die wichtigsten Kriterien gegeben für Beurtheilung der — durch die ältere und neuere Philosophie sich dogmatisch fortschleppenden — Wirrbegriffe***), auf denen die verschiedensten philosophischen Systeme

---

*) Eine Hinleitung zur Grunderkenntniss mit besonderer Rücksicht auf Gott als frei Sich Selbst bestimmenden findet sich in: *Th. Schliephake*, die Grundlagen des sittlichen Lebens (Wiesbaden, 1855), S. 56—58; eine andere, die von der Erfassung des Begriffes des Schönen ausgeht, am Schlusse von Dr. *Paul Hohlfeld's* schöner Abhandlung: „Ueber die Phantasie" in dem diesjährigen Osterprogramme der Neustadt-Dresdner Oberrealschule.

**) Neuere Philosopheme, die mit Rücksicht auf ethische Tiefe dem Krause's näher stehen, sind das *Franz Baader's*, welches auch in gesellschaftlehrlicher Hinsicht Verdienst hat, und etwa das *Günther's*; aber beide entbehren nicht nur des analytisch-regressiven Theiles, sondern lehnen sich noch in scholastischer Weise an das kirchliche Dogma an, und das letztere ermangelt, auch davon abgesehen, als ein syncretistisches, der Selbständigkeit und inneren Einheit.

***) Vergl. Beilage B.

fussen, so insbesondere der Begriffe von „Substanz," „Sein," dem
„Realen" und „Absoluten". Philosophen, die sich ferner noch der
letzteren Ausdrücke bedienen, ohne das Verhältniss der mit denselben bezeichneten Begriffe zu den, durch *Krause* klarer gestell-
ten, höheren und höchsten Kategorien angegeben, oder aber ihre
Begriffe, davon abgesehen, auf inductivem Wege gerechtfertigt zu
haben, setzen sich dadurch dem Verdacht aus, das Licht der Ka-
tegorien*) nicht vertragen, und ihre Philosopheme ohne die her-
kömmlichen Wirrbegriffe nicht festhalten zu können.

**34. (Vortheile einer bereits möglichen, allgemein gültigen
wissenschaftlichen Ausdrucksweise.)** Wie gross der Segen einer
allgemein gültigen wissenschaftlichen Ausdrucksweise sei, darüber
ist nur eine Stimme.**) Durch den Kategorienorganismus, wie er von
Krause nachgewiesen und über den Kreis der Verstandeserkennt-
niss hinaus auf den der Vernunfterkenntniss erweitert worden, ist
auch *die Möglichkeit einer streng sprachgesetzgemäss gebildeten Ausdrucksweise für alle den verschiedenen Wissensgebieten gemeinsamen
Begriffe* gegeben, einer Ausdrucksweise, die nicht allein sämmt-
lichen Philosophenschulen dienlich sein wird, sofern dieselben nicht
in einem halbdunkeln Scheinwesen und in sectenmässiger Ab-
schliessung zu verharren wünschen, sondern auch den Forschern
aller einzelen Fächer willkommen sein muss. Zugleich ist dadurch
die Herstellung einer *Geschichte des Systemes der Philosophie*, im
Unterschiede von der bisherigen Geschichte ihrer Systeme, ermöglicht und eine, bei der stets zunehmenden Ausdehnung aller
Einzelwissenschaften höchst wichtige *Vereinfachung, des wissenschaftlichen Studiums* in Aussicht gestellt.

*) Mit der Nichtwürdigung der Kategorien als der höchsten *Grundbegriffe*
hängt auch das Verharren in dem Fehler der einseitig formalen Logik
zusammen, den Begriff nur als durch Abstraction gewonnenen *Gemein-
begriff* gelten zu lassen, so dass die *Wesenbegriffe* oder wahren *Allgemein-
begriffe* entweder gänzlich unbeachtet bleiben, oder doch nicht zu voller
Geltung kommen und der oberste Theil der Wissenschaft zu einem ab-
stracten Nominalismus zusammenschrumpft. Vergl. hierüber *Th. Schliephake*
in der „Zeitschrift für Philosophie und philosophische Kritik" von *Fichte,
Ulrici* und *Wirth*. Jahrgang 1864 (Neue Folge, Band 44, H. 1, Seite
147—186).
**) Was *Krause* für Durchführung einer solchen Ausdrucksweise geleistet
hat, darüber s. das in dem oben erwähnten Aufsatz in der Augsburger
„Allgemeinen Zeitung" von mir mitgetheilte Urtheil eines Schulmannes.

35. (**Wichtigkeit des rückleitenden Theiles für den Nichtgelehrten.**) Durch den rückleitenden Theil der Philosophie ist auch
dem Nichtgelehrten *) *die Möglichkeit gegeben*, in streng methodischer
Weise zu Einsicht der für den Menschen und die menschliche
Gesellschaft wichtigsten Wahrheiten zu gelangen, und über die
wissenschaftliche Haltbarkeit darauf bezüglicher Lehrmeinungen
sich ein sicheres eigenes Urtheil zu bilden.

36. (**Wissenschaftliche Bedeutung von Krause's erweitertem
Kategorien-Organismus.**) Von der Fruchtbarkeit des *Krause'schen*,
wenn auch vielleicht in Einzelem zu berichtigenden, Kategorienorganismus für tiefere und genauere Erfassung der Wesen- und
Lebensreiche zeugt seine Nachweisung des *Gesetzes des Gegensatzes*
und des, darauf gegründeten, die *Gegensätze steigernden*, d. i. des,
mittels der Ausgleichung oder ergänzenden Vereinigung untergeordneter Gegensätze, das Auftreten höherstufiger Gegensätze för-
dernden, *Charakters der Gesellschaft* **).

37. (**Lebensbedeutung desselben.**) Die hohe Bedeutung von
Krause's erweitertem Kategorienorganismus für wichtige Lebens-
fragen wird besonders einleuchtend durch dessen Anwendung auf
Entwickelung der Rechtsidee in seinem: „Abriss des Systems der
Rechtsphilosophie (Göttingen, 1828)", der ein Meisterstück von
Begriffsentwickelung ist; sowie durch die Aufnahme, welche die be-

---

*) Nämlich dem der gelehrten Vorbildung, d. i. der Kenntniss der in der
Wissenschaftgeschichte entwickelten Lehrmeinungen Anderer Ermangeln-
den, die Wahrheit rein als solche am Gegenstande selbst Suchenden.

**) Vergl. bezüglich der Durchführung dieses Gesetzes in *Krause's* „Urbild
der Menschheit" die Abschnitte über den Stufenbau der Grundgesellschaf-
ten, sowie mit Rücksicht auf die Pflanzenwelt „*Leonhardi*, die bisher be-
kannten österreichischen Armleuchtergewächse, besprochen vom morpho
genetischen Standpunkte (Prag, 1864)." — Auch für das Verständniss des
Auftretens der Artverschiedenheit in der organischen Welt ist dieses Ge-
setz von Wichtigkeit (Vergl. *C. Nägeli's* neuere Abhandlungen über diesen Gegenstand in den Sitzungsberichten der k. bairischen Akademie der
Wissenschaften von den Jahren 1865 u. 1866, bes. abgedruckt in: Botani-
sche Mittheilungen Bd. II. Nägeli, der übrigens von Krause unabhängig
auf diesen Gedanken und zwar zunächst als leitende Hypothese einer
empirischen Forschung gekommen, bekämpft mit demselben den Darwi-
nianismus.)

treffenden Leistungen seiner Schüler bei praktischen Juristen und bei Denkern und Schriftstellern in praktischen Völkern gefunden haben. *)

38. **(Krause hat die Lebenskunstwissenschaft durch eine ihr entsprechende Fortbildung der Logik bleibend begründet.)** Die von *Krause* gemachte Unterscheidung von *Urbegriffen, Geschichtbegriffen* und *Muster- (Vermittelungs-* oder *Ueberleitungs-) Begriffen,* sowie von *Urbildern, Geschichtbildern* und *Musterbildern* ist, indem sie zu Aufstellung von *Reihen progressiver Ideen und Ideale* führt, die *bleibende Grundlage der Lebenskunstwissenschaft.*

39. **(Mit Krause beginnt ein neues, höheres Zeitalter der Philosophie sowohl hinsichtlich der Forschungsweise, wie des Lehrgehaltes und der Beziehung der Philosophie zum Leben.)** Mit der Ausbildung des zurückleitenden Theiles der Philosophie (S. die Sätze 23—30 und 35),**) mit der wissenschaftlichen Begründung des Panentheismus (S. die Note zu Satz 31) und mit

---

*) Schon im Jahr 1852 war *Krause's* Rechtslehre, insbesondere seine Eigenthums- und Besserungstraflehre, Gegenstand glänzender Discussionen in der Academia di filosofia zu Genua, bei denen sich vor Allen der Advocat *Conforti* auszeichnete. Vergl. Saggi die filosofia civile, tolti dagli atti dell' academia di filosofia italica e publicati del suo Segretario Prof. *Girolamo Boccardo,* Genova, 1852. Nicht minder glänzende Discussionen fanden im vorigen Jahre über dieselben Gegenstände, besonders auch über *K. D. A. Röder's* Durchführungen der Krause'schen Grundsätze in der *Akademie der Jurisprudenz und Gesetzgebung* zu Sevilla und im *Circulo literario y filosofico* zu Madrid statt. — Auch *Jhering* erkennt in der neuen Ausgabe seines: „Geist des römischen Rechts" an, dass die Krause'sche Rechtslehre wieder mehr auf den Inhalt des Rechts aufmerksam gemacht habe. — Ausser den oben in der Note **) zu Satz 16, in den Noten zu Satz 18 und in der Note †) zu Satz 19 genannten Schriften ist hier noch zu nennen: *H. J. Ahrens,* Juristische Encyklopädie, oder organische Darstellung der Rechts- und Staatswissenschaft auf Grundlage einer ethischen Rechtsphilosophie. Wien, 1855, welches Werk auch italienisch und russisch erschienen ist; eine französische Uebersetzung ist angekündigt. Ueber einige neuerdings in Spanien im Kreise der Krause'schen Schule erschienenen rechtsphilosophischen Abhandlungen fehlen mir bestimmtere Angaben.

**) Vergl. Institut royal de France. Histoire des preuves de l'existence de Dieu considérées dans leurs principes les plus généraux. Lu dans les séances des 6. Juin, 1. Aout, 17. et 31. Octobre 1840 par *M. Bouchitté,* Professeur d'histoire au college royale de Versailles, Paris 1841.

Nachweisung des Kategorienorganismus (S. die Sätze 31—34 und
36—37) zugleich als synthetischen Organons beginnt ein neues,
höheres Zeitalter der Philosophie in wissenschaftlehrlicher Hinsicht;
mit der logischen Begründung der Lebenskunstwissenschaft (S. Satz
38) und mit der Lehre vom Menschheitbunde*) beginnt ein neues,
höheres Zeitalter der praktischen Philosophie. **) Geschichtschrei-
ber der Philosophie, die von diesen hervorragenden Leistungen
Krause's schweigen, stellen sich dadurch ein Armuthzeugniss aus,
sofern sie sich nicht gar der Unredlichkeit verdächtig machen.

---

*) S. *Krause's*: „Die drei ältesten Urkunden der Freimaurerbrüderschaft (Band
I., Vorbericht). Dresden, 1810, 2. Auflage 1819", „Wissenschaftliche Be-
gründung der Sittenlehre. Dresden, 1810" und „Urbild der Menschheit.
Dresden, 1811; zweite Auflage, Göttingen, 1851." — Vergl. *Pascal Duprat*,
Les Philosophes socialistes contemporains. Krause. (Findet sich in der
Revue indépendante vom 10. Jan., 25. Avril und 10. Mai 1844).

**) Ueber *Krause's* Stellung in der Geschichte der Philosophie vergl. die ge-
krönte Preisschrift von *Gu. Tiberghien*, „Essai théorique et historique sur
la génération des connaissances humaines dans ses rapports avec la morale, la politique et la religion; développement du mémoire couronné
par le jury du concours universitaire institué par le gouvernement.
(Bruxelles 1844)" und „*J. E. Erdmann*, Die Entwickelung der deutschen
Speculation seit Kant" Bd. II. S. 685. f. Diese Stelle, sowie noch einige
Stellen aus *Hanne's* Beurtheilung von Krause's Kategorienlehre s. in den
Beilagen B und C.

Von **Krause's** „*Vorlesungen über die Grundwahrheiten
der Wissenschaft in ihrer Beziehung zum Leben*" und „*Vorlesungen über das System der Philosophie*" sind neue Auflagen
unter die Presse.

Beilagen.

A. In der Beilage zu Nr. 248 der Augsburger „Allg. Zeitung," vom 5. September 1861, sagt *Schäffle*:

„*J. Fröbel* (in seiner Theorie der Politik) stimmt (von einem abweichenden speculativen Standpunkt ausgehend) in seinen praktischen Ergebnissen vielfach mit denjenigen zusammen, welche die Rechts- und Staatsphilosophen der Krause'schen Schule *Ahrens* und *Röder* von ihrem Standpunkt aus klargestellt haben. Die Bedeutung der Arbeiten von *Ahrens* und *Röder* schätzen wir besonders hoch wegen ihrer praktischen, höchst fruchtbaren, vom dialektischen Formalismus ablenkenden organischen Rechts- und Staatsauffassung, die bei allem Kampf gegen den theoretisch und praktisch herrschenden politischen Individualismus der letzten Generation und auch noch der Gegenwart doch noch nicht in das andere Extrem eines politischen Objectivismus verfällt, welcher der subjectiven Willkühr Aller nur den Despotismus eines Einzigen, der Freiheit nur die Autorität, der Bewegung nur die starre Ordnung zum Ersatz zu bieten vermöchte. Die organische Staatsauffassung der Genannten vermittelt vielmehr beide Pole, und betrachtet den Staat als den in seinen verschiedenen Gliedern frei zusammenwirkenden, jedem Glied seine Function aus dem eigenen Grunde seiner organischen Stellung in der Gesellschaft zutheilenden Rechtsorganismus der Gesellschaft, das Recht als eine umfassende praktische Idee, welche in dem justiziell geübten Recht noch lange nicht seine volle Erfüllung hat. Die bedeutendsten Streitfragen der Staatswissenschaft, z. B. über das Verhältniss von Justiz und Polizei, der Dualismus der beiden letzteren, die vexirende Administrativjustizfrage, das Verständniss für das constitutionelle System, sodann die gegenwärtig so bedeutenden Contro-

versen der praktischen Politik über die Gränzen der Selbstregie-
rung und der Centralisation, über das Verhältniss von Volk und
Regierung, über den Souveränetätsbegriff, über das Verhältniss
von Staat und Kirche, gewinnen hierdurch principiell und praktisch
eine überraschend einfache Lösung.*)

B. Dr. *J. W. Hanne* (früher Pastor in Betheln, jetzt Profes-
sor in Greifswald) sagt in einer Abhandlung: „Der philosophische
Panentheismus *Krause's* im Zusammenhange seiner Kategorienlehre
u. s. w." in der Vierteljahrschrift für Theologie und Kirche u. s. w.
Herausgegeben von *G. Uhlhorn* (III. Folge, I. Jahrgang. III. Heft.
Hannover 1852).

S. 241. „Was das Verhältniss zu *Hegel* betrifft, der *Krause*
völlig ignorirt hat, während dieser jenen sowohl in seiner Grösse
als auch in seiner Blösse recht gut zu würdigen verstand, so hatte
Krause ein viel reineres und tieferes Auge für eine ungetrübte
Auffassung der innern Thatsachen des Bewusstseins als *Hegel*, und
wenn man jetzt auf die nachgelassenen Vorlesungen über Religionsphilosophie, Philosophie der Geschichte, Logik und Psychologie
blickt und die Sorgfalt erwägt, womit hier auch die historischen
Erscheinungen auf den verschiedenen Denkgebieten berücksichtigt
sind, so kann man sogar zweifelhaft werden, ob er von *Hegel* auch
nur in der Handhabung des empirischen Details übertroffen worden
sei. Das grösste Verdienst *Krause's* ist aber, dass er auf mehrere
bedeutsame Kategorien aufmerksam gemacht hat, die der *Hegel'schen* Philosophie ganz entgangen sind."

S. 242 sagt: „Die Stärke der Krause'schen Philosophie liegt
in ihrem besonnenen Streben über den subjectiven Idealismus des
Ichheits-Standpunktes einerseits und den Pantheismus der Jünger-
schaft Spinoza's andererseits hinaus zur Gewinnung und Evolution
der Idee des persönlichen Gottes. Die Krause'sche Gottesidee
und seine Auffassung des Verhältnisses Gottes zur Welt, ist aber
nicht gründlich zu verstehen, ohne einen tieferen Einblick in seine
Kategorienlehre, und wiederum muss man, um die Bedeutung und
den Zusammenhang der Krause'schen Kategorienlehre richtig zu

---

*) Vergl. darüber Deutsche Vierteljahrschrift, Jahrg. 1861, 2. Heft, S.
1 bis 39.

würdigen, zuvor einen orientirenden Blick auf die Eigenthüm-
lichkeit und philosophische Genesis des ganzen Systems geworfen
haben. Man kann die Krause'sche Philosophie, wie es ihr Urhe-
ber selbst thut, als *Panentheismus* bezeichnen, während die Hegel'sche Philosophie sich als Pantheismus charakterisirt."

S. 245: „In diesen Erörterungen Krause's über das Verhältniss
der Idee des Absoluten oder Gottes zum subjectiven Erkennen ist
in der That das *Tiefste*, was darüber zu sagen ist, mit klaren Worten ausgesprochen und Krause überragt mit dieser seiner Grund-
schauung alle Denker auf dem Felde der neueren Philosophie
vor und nach ihm und namentlich *Hegel* steht ihm in dieser
Hinsicht bei weitem nach."

S. 259. „Das lässt sich nicht läugnen, dass *Krause* bei der
Deduction und Combination der einzelnen Kategorien viel mehr
Exactheit des Gedankens zeigt und bei weitem freier von dialekti-
schen Spitzfindigkeiten ist, als *Hegel* in seiner Logik. Solche
Verstösse gegen alle verständigen Denkgesetze, wie der *Hegel'sche*
Uebergang aus dem Nichts durch Reflexion auf ein zu Nichts ge-
wordenes und als leere Abstraction sich ausweisendes Sein in das
reale, schöpferische Werden kommen bei *Krause* nicht vor."

S. 260: „Ueberblicken wir zum Schluss die dargestellte Entwicklung der Kategorien dieses Systems nach ihrem Umfang und
allgemein wissenschaftlichem Werth, so dürfen wir im Ganzen dem
Urtheile *Krause's* selbst beistimmen, wenn er sagt, dass er die
von ihm in selbständiger, von jeder Forschung der Vorgänger und
Zeitgenossen unabhängiger Forschung gefundene Kategorientafel,
welche einen Theil seines Systems ausmache, für einen grundwe-
sentlichen Fortschritt der Wissenschaft achte, dessen Folgen für
den ganzen Wissenschaftgliedbau unermesslich seien. *Krause* hat
in der That manche bedeutsame Kategorie auf ihren einfachsten
und tiefsten deutschen Ausdruck zurückgeführt, wie insbesondere
die Kategorien der Einheit, Selbheit, Ganzheit, Vereinheit, und
die Grundkategorien des Wesens und der Wesenheit. Ferner ist
sehr einfach und schön die Darlegung des Verhältnisses von Wesenheit und Formheit und von der Durchdringung beider Wesens-
bestimmungen in der Seinheit oder Modalität."

„Auch ist das combinatorische Talent zu bewundern, mit
welchem er die Kategorien in den vielfachsten Kreuzungen mit
einander verknüpft und zu fruchtreichen Knotenpunkten neuer,

immer mehr in's empirische Detail hinüberstrebenden Ableitungen macht."

C. J. *Erdmann* a. a. O. S. 685 f. sagt: „Wäre wirklich *Krause's* Philosophie der Abschluss der bisherigen Entwicklung der Philosophie, so müsste sie mit der bewussten Reproduction dieser Entwicklung d. h. mit der begriffenen Geschichte der Philosophie schliessen; jetzt erscheint diese als, in die inductiven Untersuchungen eingeschobene, Wissenschaftgeschichte.*) Der Philosophie der Geschichte und den ihr unmittelbar vorausgehenden Disciplinen, der Ethik und Rechtsphilosophie ist es natürlich vortheilhaft gewesen, dass sie diese Stelle bekamen. Denn da jedes System dem eigentlichen Culminationspunkt die grösste Aufmerksamkeit und Sorgfalt schenken wird, so geschieht es auch hier und in dem, was er in der praktischen Philosophie geleistet hat, möchte sich *Krause* am Meisten bleibendes Verdienst erworben haben, wie dies die wachsende Zahl seiner Schüler und — Plagiarii beweist. Von dem, was er *geleistet hat*, denn berücksichtigt man, was er *gewollt*, so wird man einem andern Theile seines Systems noch vor jenem die Palme reichen müssen. Das bleibende Resultat, welches durch Ueberwindung des Gegensatzes von Identitätssystem und Ichheitslehre, wie sie sich bei v. *Berger, Solger, Steffens* und in *Schelling's* veränderter Lehre zeigt, gewonnen war, ist die Erkenntniss, die mit des Letzteren Worten so ausgedrückt werden kann: der Natur- und Geisteswissenschaft muss die Betrachtung des „prius von Natur und Geist" vorausgehn. *Schelling* selbst hat dieses Absolute, wie es weder Natur noch Geist ist, nur so behandelt, dass er seine mystischen Anschauungen davon offenbarte, er hat erzählt von dessen Verlangen sich zu gebären u. s. w. Es handelt sich darum, die Bestimmungen streng wissenschaftlich zu entwickeln, die, weil sie Bestimmungen des Absoluten sind, modificirt die Bestimmungen alles Relativen, also der Natur wie des Geistes geben

---

*) Diese Einwendung Erdmann's wird wenigstens theilweise dadurch behoben, dass zwar die *Geschichte der Philosophie* als solche, wie alle Geschichte als solche, zum inductiven Theile gehört, aber die *Philosophie der Geschichte der Philosophie*, d. i. die begriffene Geschichte der Philosophie, bildet mit der angewandten Philosophie der Geschichte selbst den Abschluss des Wissenschaftbaues.

werden. Wie gleichzeitig mit ihm *Hegel*, so hat *Krause* in seiner Metaphysik die Grundwissenschaft zu geben versucht, welche das Fundament bildet für Natur- und Geisteswissenschaft, indem sie alle die Bestimmungen fixirt, welche *absolute* Gültigkeit und Gesetzeskraft haben, die Bestimmungen, welche, weil sie Prädicate des Seins schlechthin sind, Formen *alles* Seienden, Bedingungen aller Denkbarkeit sind. Kurz, der Versuch ein System der Kategorien aufzustellen, der ist es, der, wie er es selbst ausspricht, vor Allem *Krause* den hohen Platz unter den deutschen Philosophen sichert. Mag man seine Kategorien ungenügend nennen, mag man sich nicht einverstanden erklären mit der Art ihrer Deduction, mögen nach ihm unzählige andere Kategorientafeln aufgestellt sein, das Factum, dass Jeder dies glaubte thun zu müssen, beweist die Bedeutung derer, welche diesen Versuch zuerst machten. Diese Ehre aber theilen die beiden Männer, welchen schon aus diesem Grunde die Ehre bleibt, die Summe aus dem gezogen zu haben, was die bisherige Entwicklung der Wissenschaft nahe gelegt hatte, der eben Betrachtete nämlich, *Krause*, und der sogleich zu Betrachtende, *Hegel*.“

D. Das „Deutsche Staatswörterbuch“ und eben so das „Staatslexicon“ in dem Artikel: *Krause*, sagt: „Die Ursache der langen Nichtbeachtung des Systems Krause's in Deutschland ist wohl in dem Umstande zu suchen, dass dieses System nicht mehr in der mit Kant beginnenden, mit Hegel den Hochpunkt erreichenden und darauf wieder bis zum Sensualismus und Materialismus herabsinkenden Entwickelungsreihe liegt, in welcher einseitige Richtungen schnell nach einander sich scharf ausprägten und, da in der Regel scharfe Gegensätze leichter begriffen werden, schnell Eingang fanden, um eben so schnell zu verschwinden. Lehren dagegen, welche die ganze philosophische Arbeit von einer tieferen und umfassenderen Grundlage aufnehmen und durch höhere Principien die Gegensätze zu vermitteln suchen, pflegen zuvörderst von allen herrschenden Parteien verworfen zu werden, aber sich doch, wenn auch langsam und mühsam, Bahn zu brechen und länger zu erhalten. Das Krause'sche System hat sich eine solche umfassende Aufgabe gestellt. Die weitere Verbreitung der Kenntniss dieses, den Menschen und das ganze menschliche Leben von allen Seiten umfassenden,

Systemes kann aber auch eine heilsame wissenschaftliche Macht zur Stärkung aller tieferen Grundlagen und zur Höherbildung des sittlichen, religiösen und politischen Lebens werden. Denn wir kennen kein neueres System, welches, auf selbständiger freier Vernunftforschung beruhend, mit den Grundwahrheiten des lebendigen Christenthumes in so vollem Einklange sich befände. Dieses System giebt der Philosophie überhaupt wieder eine wirksame Stellung zum Leben, sucht in dem *ganzen* Menschen alle guten und sittlichen Lebenskräfte zu wecken und bezeichnet der Menschheit̄ und ihrem gesellschaftlichen Leben ein hohes und umfassendes und doch erreichbares Ziel auf der Bahn eines geordneten und stetigen Fortschrittes."

www.ingramcontent.com/pod-product-compliance
Lightning Source LLC
Chambersburg PA
CBHW032122080426
42733CB00008B/1016